JN301706

くもんの はじめての 和英じてん

**Kumon's FIRST
JAPANESE-ENGLISH DICTIONARY**

はじめに

この辞典は、これから英語に親しもうというみなさんのための辞典です。英語を習いはじめて、興味がわいてくると、身のまわりのものについて、「これ、英語でなんていうのかな？」と知りたくなるものです。そんなとき、手近に、かんたんに引ける辞典があるといいですよね。

この辞典なら、調べたいことばがすぐに見つかります。文字も大きくて、あまりたくさん情報をつめこんでいないので、さがしていることばがパッと目にとびこんでくると思います。でも、それだけでは、ちょっともったいないですね。ついでにパラパラとページをめくって、ほかのことばも調べてみましょう。

また、調べたいことばが特にないときでも、気がるに手にとって、ページをめくる習慣をつけるといいですよ。この辞典には、身近な事物をあらわすことばがたくさんのっているので、ながめているだけでも楽しいですし、そうやってたくさんの単語を知るにつれて、自然と英語に対する興味がふくらんでくると思います。

英語に親しむには毎日英語に接することがたいせつです。この辞典を手近なところにおいて、時間があるときに、家族みんなで利用しましょう。そうすれば、英語がよりいっそう身近で楽しいものになりますよ。

＊本書は『初級和英辞典』を全面改訂し、収録語をふやして改題したものです。

この辞典の見かた

見出し語。50音順にならんでいるので、国語辞典と同じようにして引いてください。

見出し語の訳語（英語）。

使い方の例がのっています。どのように使われるのかを知るヒントにしてください。

いっしょにおぼえるとよい英語がのっています。

き

かんじる	感じる	**feel** [フィール] I feel cold. わたしは寒く感じます。 [アイ フィール コウルド]
かんたんな	簡単な	**easy** [イーズィ] This question is easy. この問題はかんたんです。 [ズィス クウェスチョン イズ イーズィ] **simple** [スィンプル] The rules are simple. ルールはかんたんです。 [ザ ルールズ アー スィンプル]
かんづめの	缶詰の	**canned** [キャンド] canned food 缶詰の食品 [キャンド フード]
かんばん	看板	**signboard** [サインボード]
かんぺきな	完璧な	**perfect** [パーフェクト] a perfect plan かんぺきな計画 [ア パーフェクト プラン]

き

| き | 木 | **tree** [トゥリー]
▶ **wood** 木材 [ウッド] |

46

見出し語　この辞典には1800の見出し語が収録されています。見出し語は、おもにわたしたちにとって身近な事物を中心に選んであります。これらの単語を入り口にして、英語に対する興味を深めていきましょう。

訳語（英語）　この辞典では、1つの日本語に対して、なるべく、代表的な訳語を1つだけのせるようにしていますが、特に使い分けが必要なものについては、複数の訳語をのせ、かんたんな説明をつけてあります。

用例　この辞典の目的は、身近なものをあらわす英単語にたくさん接することですが、"動作をあらわすことば"や"様子をあらわすことば"については、使い方がわかるように、かんたんな用例をのせてあります。

きいろ（い）黄色（い）	**yellow**　[イェロウ]	
	yellow socks 黄色いくつした　[イェロウ　ソックス]	
きかい　機械	**machine**　[マシーン]	
ききゅう　気球	**balloon**　[バルーン]	
きく¹　聞く・聴く	**hear**　[ヒア]	
	Can you hear me?　[キャン　ユー　ヒア　ミー] わたし（の声）が聞こえますか。	
	listen　[☆注意して聞く]　[リスン]	
	Listen to me.　[リスン　トゥ　ミー] わたしの言うことを聞きなさい。	
きく²　菊	**chrysanthemum**　[クリサンセマム]	
きけん　危険	**danger**　[デインジャァ]	
	▶ **dangerous** 危険な　[デインジャラス]	
	a dangerous place 危険な場所　[ア　デインジャラス　プレイス]	
きし　岸	**shore**　[ショーア]	
ぎし　技師	**engineer**　[エンジニア]	

ひらがなで書くと同じになる語には数字をつけて区別しています。

訳語についての注です。使い分けが必要なときなど、ここにかんたんな説明がのっています。

英語の発音がカタカナでしめしてあります。太くなっているところを強く読んでください。

英和辞典との使い分け

英和辞典は「この英語はどういう意味かな？」と思ったときに引きますが、和英辞典は「これを英語でなんというのかな？」と思ったときに引きます。英和辞典はふつう、英語の"学習"をするときに使いますが、和英辞典は"学習"を意識せずに気がるに使い、身近なところから英語に対する興味を育ててゆくことができます。

発音のカタカナ表記について

英語には、日本語にない音がたくさんあるため、英語の発音をカタカナで正確にしめすことはできません。英語についてるカタカナは、正しい発音をするための"手がかり"だと思ってください。
ネイティブ・スピーカーの発音を聞く機会などを利用して、だんだんと正しい発音を身につけていくように心がけましょう。

あ ア

あい　愛	**love** [ラヴ]
あいさつ	**greeting** [グリーティング]
アイスクリーム	**ice cream** [アイス　クリーム]
アイロン	**iron** [アイアン]
あう　会う	**meet** [ミート] Nice to meet you. [ナイス　トゥ　ミート　ユー] お会いできてうれしいです。
あお(い)　青(い)	**blue** [ブルー] a blue bird　青い鳥 [ア　ブルー　バード]
あか(い)　赤(い)	**red** [レッド] red shoes　赤いくつ [レッド　シューズ]
あかちゃん　赤ちゃん	**baby** [ベイビィ]
あかるい　明るい	**bright** [ブライト] That star is very bright. [ザット　スター　イズ　ヴェリィ　ブライト] あの星はとてもあかるい。

あき　秋	**fall** [フォール]	
あきらめる　諦める	**give up** [ギヴ　アップ]	
	Never give up! けっしてあきらめるな！ [ネヴァ　ギヴ　アップ]	
あくしゅする　握手する	**shake hands** [シェイク　ハンズ]	
あくび	**yawn** [ヨーン]	
あける　開ける	**open** [オウプン]	
	Open the window, please. [オウプン　ザ　ウィンドウ　プリーズ] 窓(まど)をあけてください。	
あげる	**give** [ギヴ]	
	I'll give you this book. [アイル　ギヴ　ユー　ズィス　ブック] きみにこの本(ほん)をあげるよ。	
あご	**jaw** (☆あご全体(ぜんたい))，**chin** (☆あご先(さき)) [ジョー]　　　　　　　　　[チン]	
あさ　朝	**morning** [モーニング]	
あさい　浅い	**shallow** [シャロウ]	
	a shallow pond 浅(あさ)い池(いけ) [ア　シャロウ　ポンド]	
あさがお　朝顔	**morning glory** [モーニング　グローリィ]	

7

あ

あさごはん　朝御飯	**breakfast** [ブレックファスト]	
あさって	**the day after tomorrow** [ザ　デイ　アフタァ　トゥモロウ]	
あざらし	**seal** [スィール]	
あし　足	**foot** (☆足首から下、両足は **feet**) [フット] **leg** (☆足首から上) [レッグ]	leg / foot
あじ　味	**taste, flavor** (☆〜味) [テイスト]　[フレイヴァ] **ice cream with chocolate flavor** [アイス　クリーム　ウィズ　チョーコレット　フレイヴァ] チョコレート味のアイスクリーム	
あしくび　足首	**ankle** [アンクル]	
あじさい	**hydrangea** [ハイドゥレインジャ]	
あした	**tomorrow** [トゥモロウ] **Call me tomorrow.** [コール　ミー　トゥモロウ] あした電話をください。	
あせ　汗	**sweat** [スウェット]	
あそこ（に）	**there** [ゼア] **Let's sit there.**　あそこにすわりましょう。 [レッツ　スィット　ゼア]	

あそぶ　遊ぶ	**play** [　プレイ　] Don't play in the street. [ドゥント　プレイ　イン　ザ　ストゥリート] 通りで遊んではいけません。
あたたかい　暖かい	**warm** [　ウォーム　] It's warm today.　きょうはあたたかい。 [イッツ　ウォーム　トゥデイ]
あだな　あだ名	**nickname** [　ニックネイム　]
あたま　頭	**head** [　ヘッド　]
あたらしい　新しい	**new** [　ニュー　] a new pencil　新しいえんぴつ [ア　ニュー　ペンスル]
あつい¹　厚い	**thick** [　スィック　] a thick book　厚い本 [ア　スィック　ブック]
あつい²　暑い・熱い	**hot** [　ホット　] a hot summer　暑い夏 [ア　ホット　サマァ]
あつめる　集める	**collect** [　コレクト　] I collect stamps. [アイ　コレクト　スタンプス] わたしは切手を集めています。

あ

あな　穴	**hole** [ホウル]	
アナウンサー	**announcer** [アナウンサァ]	
あに　兄	**big brother** [ビッグ　ブラザァ]	
アニメーション	**animation, cartoon** [アニメイション]　[カートゥーン]	
あね　姉	**big sister** [ビッグ　スィスタァ]	
あの～	**that ～** [ザット] Look at that building. [ルック　アット　ザット　ビルディング] あの建物を見てごらん。	
アパート	**apartment** [アパートメント] I want to rent an apartment. [アイ　ワント　トゥ　レント　アン　アパートメント] わたしはアパートを借りたい。	
あひる	**duck** [ダック]	
あまい　甘い	**sweet** [スウィート] a sweet cake　あまいケーキ [ア　スウィート　ケイク]	
あまのがわ　天の川	**the Milky Way** [ザ　ミルキィ　ウェイ]	
あみ　網	**net** [ネット]	

あむ　編む	**knit** [ニット]	

I'll knit a sweater for you.
[アイル　ニット　ア　スウェタァ　フォア　ユー]
あなたにセーターを編んであげます。

あめ¹	**candy** [キャンディ]	
あめ²　雨	**rain** [レイン]	
あめの　雨の	**rainy** [レイニィ]	

a rainy day　雨の日
[ア　レイニィ　デイ]

あやまる　謝る	**say sorry, apologize** [セイ　ソリィ]　[　アポロジャイズ　]	

Say sorry to her.　彼女にあやまりなさい。
[セイ　ソリィ　トゥ　ハー]

あらう　洗う	**wash** [ワッシュ]	

Wash your hands.　手をあらいなさい。
[ワッシュ　ユア　ハンズ]

あらし　嵐	**storm** [ストーム]	
あり	**ant** [アント]	
あるく　歩く	**walk** [ウォーク]	

We walk to school.
[ウィー　ウォーク　トゥ　スクール]
わたしたちは歩いて学校に行きます。

い

アルバム		(photo) album [フォウトウ アルバム]
アルファベット		alphabet [アルファベット]
あれ		that [ザット]
		That is my doll. あれはわたしの人形です。 [ザット イズ マイ ドル]
あわ	泡	bubble [バブル]
		soap bubbles 石けんのあわ [ソウプ バブルズ]
あんぜんな	安全な	safe [セイフ]
		safe driving 安全運転 [セイフ ドゥライヴィング]

い

いう	言う	say [セイ]
		Don't say good-bye. [ドゥント セイ グッドバイ]「さようなら」なんて言わないで。
いえ	家	house [ハウス]
いか		squid [スクウィッド]
いき	息	breath [ブレス]

いきる 生きる	**live** [リヴ] We live on the earth. [ウィー リヴ オン ズィ アース] わたしたちは地球に生きています。	
いく 行く	**go** [ゴウ] Let's go to the park. [レッツ ゴウ トゥ ザ パーク] 公園に行きましょう。	
いけ 池	**pond** [ポンド]	
いけん 意見	**opinion** [オピニャン]	
いし 石	**stone** [ストウン]	
いじめる	**pick on, bully** [ピック オン] [ブリィ] Don't pick on him! 彼をいじめるな！ [ドウント ピック オン ヒム]	
いしゃ 医者	**doctor** [ドクタァ]	
いす	**chair** [チェア]	
いずみ 泉	**spring** [スプリング]	
いそがしい 忙しい	**busy** [ビズィ] I'm busy now. わたしはいまいそがしい。 [アイム ビズィ ナウ]	

い

いそぐ　急ぐ	**hurry**　[ハーリィ]	
	We must hurry.　わたしたちは急がなくては。[ウィー　マスト　ハーリィ]	
いたずら	**mischief**　[ミスチフ]	
いたむ　痛む	**hurt**　[ハート]	
	My leg hurts.　足がいたい。[マイ　レッグ　ハーツ]	
いちご	**strawberry**　[ストゥローベリィ]	
いちじく	**fig**　[フィッグ]	
いちど　一度	**once**　[ワンス]	
	I met him only once.　[アイ　メット　ヒム　オウンリィ　ワンス]　わたしは一度だけ彼に会いました。	
いちりんしゃ　一輪車	**unicycle**　[ユーニサイクル]	
いつ	**when**　[ホウェン]	
	When do you play tennis?　[ホウェン　ドゥ　ユー　プレイ　テニス]　あなたはいつテニスをしますか。	
いっしょうけんめい　一生懸命	**hard**　[ハード]	
	Study hard.　いっしょうけんめい勉強しなさい。[スタディ　ハード]	

いっしょに 一緒に	**together** [トゥゲザァ]

Let's sing together.
[レッツ スィング トゥゲザァ]
いっしょに歌いましょう。

with 〜 (☆〜といっしょに)
[ウィズ]

Come with me.
[カム ウィズ ミー]
わたしといっしょにいらっしゃい。

いっぱいにする	**fill** [フィル]

Fill this bottle with water.
[フィル ズィス ボトゥル ウィズ ウォータァ]
このボトルを水でいっぱいにしてください。

いっぱいの	**full** [フル]

I'm full. わたしはおなかがいっぱいです。
[アイム フル]

いつも	**always** [オールウェイズ]

He is always busy.
[ヒー イズ オールウェイズ ビズィ]
彼はいつもいそがしい。

いと 糸	**thread** [スレッド]
いとこ	**cousin** [カズン]
いぬ 犬	**dog** [ドーグ]

い

いのち 命	**life** [ライフ]	
いま¹ 今	**now** [ナウ]	
	I'm free **now**. わたしはいまひまです。 [アイム フリー ナウ]	
いま² 居間	**living room** [リヴィング ルーム]	
いもうと 妹	**little sister** [リトゥル スィスタァ]	
イヤホーン	**earphones** [イアフォウンズ]	
イラスト	**illustration** [イラストゥレイション]	
いりぐち 入り口	**entrance** [エントゥランス]	
いりたまご	**scrambled egg** [スクランブルド エッグ]	
いるか	**dolphin** [ドルフィン]	
いろ 色	**color** [カラァ]	
	my favorite **color** わたしの好きな色 [マイ フェイヴァリット カラァ]	
いわ 岩	**rock** [ロック]	
いわし	**sardine** [サーディーン]	
インク	**ink** [インク]	

いんこ	**parakeet** [パラキート]	
インターネット	**the Internet** [ズィ インタネット]	

う

うえに 上に	**up** [アップ]	

Let's go up to the top. 頂上までのぼろう。
[レッツ ゴウ アップ トゥ ザ トップ]

うえる 植える	**plant** [プラント]

She planted roses in the garden.
[シー プランティッド ロウズィズ イン ザ ガードゥン]
彼女は庭にばらをうえました。

うがいをする	**gargle** [ガーグル]
うく 浮く	**float** [フロウト]

Will this ball float or sink?
[ウィル ズィス ボール フロウト オーァ スィンク]
このボールは浮くだろうか沈むだろうか。

うぐいす	**bush warbler** [ブッシュ ウォーブラァ]
うけとる 受け取る	**receive** [リスィーヴ]

I receive many e-mails every day.
[アイ リスィーヴ メニィ イーメイルズ エヴリィ デイ]
わたしは毎日たくさんのEメールを受けとります。

う	うごかす　動かす	**move** [ムーヴ]
		Move this table.　このテーブルを動かしてください。 [ムーヴ　ズィス　テイブル]
	うさぎ	**rabbit** [ラビット]
	うし　牛	**cow**（☆特にめ牛），**bull**（☆お牛） [カウ]　　　　　　　　　　　[ブル]
	うすい　薄い	**thin** [スィン]
		a **thin** book　うすい本 [ア　スィン　ブック]
	うそ	**lie** [ライ]
	うた　歌	**song** [ソーング]
	うたう　歌う	**sing** [スィング]
		Let's **sing** a song.　歌をうたいましょう。 [レッツ　スィング　ア　ソーング]
	うたがう　疑う	**doubt** [ダウト]
		I **doubt** that.　それはうたがわしい。 [アイ　ダウト　ザット]
	うち	**home, house** [ホウム]　[ハウス]
	うちゅう　宇宙	**universe, space** [ユーニヴァース]　[スペイス]
	うちゅうきち　宇宙基地	**space station** [スペイス　ステイション]

うちゅうひこうし 宇宙飛行士	**astronaut** [アストゥロノート]	
うつ¹ 打つ	**hit** [ヒット]	
	Hit the ball hard. ボールを強く打ちなさい。 [ヒット ザ ボール ハード]	
うつ² 撃つ	**shoot** [シュート]	
	Don't shoot the bird. その鳥をうたないで。 [ドウント シュート ザ バード]	
うつくしい 美しい	**beautiful** [ビューティフル]	
	She has a beautiful voice. [シー ハズ ア ビューティフル ヴォイス] 彼女は美しい声をしている。	
うで 腕	**arm** [アーム]	
うでどけい 腕時計	**watch** [ワッチ]	
うなぎ	**eel** [イール]	
うばぐるま 乳母車	**baby carriage, baby buggy** [ベイビィ キャリッジ] [ベイビィ バギィ]	
うま 馬	**horse** [ホース]	
うまれる 生まれる	**be born** [ビー ボーン]	
	I was born in Akita. [アイ ワズ ボーン イン アキタ] わたしは秋田で生まれました。	

う

うみ　海

sea, ocean
[スィー]　[オウシャン]

the Pacific Ocean　太平洋(たいへいよう)
[ザ　パスィフィック　オウシャン]

うめる　埋める

bury
[ベリィ]

Bury the seed in the ground.
[ベリィ　ザ　スィード　イン　ザ　グラウンド]

その種(たね)を地中(ちちゅう)にうめなさい。

うらない　占い

fortune-telling
[フォーチュン　テリング]

うる　売る

sell
[セル]

That store sells clothes.
[ザット　ストーァ　セルズ　クロウズ]

あの店(みせ)は服(ふく)を売(う)っています。

うるさい

noisy
[ノイズィ]

a noisy dog　うるさい犬(いぬ)
[ア　ノイズィ　ドーグ]

▶ **noise**　騒音(そうおん)
[ノイズ]

うれしい

happy
[ハピィ]

I'm very happy.　わたしはとてもうれしい。
[アイム　ヴェリィ　ハピィ]

うわぎ　上着

jacket
[ジャケット]

うわばき　上履き

indoor shoes
[インドーァ　シューズ]

20

うん 運	**luck, fortune** [ラック] [フォーチュン]	
	good luck 幸運(こううん) [グッド ラック]	
うんてんする 運転する	**drive** [ドゥライヴ]	
	Do you drive a car? [ドゥ ユー ドゥライヴ ア カー] あなたは車(くるま)を運転(うんてん)しますか。	
▶	**driver** 運転手(うんてんしゅ) [ドゥライヴァ]	
うんどう 運動	**exercise** [エクササイズ]	
うんどうかい 運動会	**field day, sports day** [フィールド デイ] [スポーツ デイ]	

え

え 絵	**picture** [ピクチャァ]	
エアコン	**air conditioner** [エア コンディショナァ]	
えいが 映画	**movie** [ムーヴィ]	
▶	**movie theater** 映画館(えいがかん) [ムーヴィ スィーアタァ]	
えいご 英語	**English** [イングリッシュ]	
えいゆう 英雄	**hero** [ヒアロウ]	

21

え

えき	駅	**station** [ステイション]
えくぼ		**dimple** [ディンプル]
エスカレーター		**escalator** [エスカレイタァ]
えだ	枝	**branch** [ブランチ]
えのぐ	絵の具	**paint** [ペイント]

a box of paints　絵の具1箱
[ア ボックス オヴ ペインツ]

えび		**lobster** (☆いせえびなどの大えび) [ロブスタァ]

prawn (☆車えび), **shrimp** (☆小えび)
[プローン]　　　　　　　　[シュリンプ]

エプロン		**apron** [エイプロン]
えほん	絵本	**picture book** [ピクチァ　ブック]
えらい	偉い	**great** [グレイト]

He is a great scientist.
[ヒー イズ ア グレイト サイエンティスト]
彼は偉大な科学者です。

えらぶ	選ぶ	**choose** [チューズ]

Choose a book from here.
[チューズ ア ブック フロム ヒア]
ここから1さつ本をえらびなさい。

エレベーター	**elevator** [エレヴェイタァ]	
えん¹ 円	**circle** (☆図形) [サークル]	
えん² 円	**yen** (☆お金) [イェン] **I have five hundred yen now.** [アイ ハヴ ファイヴ ハンドゥレッド イェン ナウ] ぼくはいま500円もっています。	
エンジン	**engine** [エンジン]	
えんそく 遠足	**outing, excursion** [アウティング] [イクスカージョン]	
えんとつ 煙突	**chimney** [チムニィ]	
えんぴつ 鉛筆	**pencil** [ペンスル]	
えんぴつけずり 鉛筆けずり	**pencil sharpener** [ペンスル シャープナァ]	

お

おいかける 追いかける	**run after, chase** [ラン アフタァ] [チェイス] **Run after that boy!** あの少年を追いかけて！ [ラン アフタァ ザット ボイ]	
おいしい	**delicious, good** [ディリシャス] [グッド] **a delicious meal** おいしい食事 [ア ディリシャス ミール]	

お

おう 王	**king** [キング]	
おうえんする 応援する	**cheer** [チア]	

Let's cheer for our team.
[レッツ　チア　フォア　アウア　ティーム]
ぼくたちのチームを応援しよう。

おうじ 王子	**prince** [プリンス]	
おうじょ 王女	**princess** [プリンセス]	
おうだんほどう 横断歩道	**crosswalk** [クロースウォーク]	
おうむ	**parrot** [パロット]	
おえる 終える	**finish** [フィニッシュ]	

Finish your homework first.
[フィニッシュ　ユア　ホウムワーク　ファースト]
先に宿題を終えなさい。

おおかみ	**wolf** [ウルフ]	
おおきい 大きい	**big** [ビッグ]	

a big house 大きな家
[ア　ビッグ　ハウス]

large [ラージ]

This hat is too large. このぼうしは大きすぎる。
[ズィス　ハット　イズ　トゥー　ラージ]

24

おおくの　多くの	**many** （☆数えられるものにつく） ［ メニィ ］ **many** books　多くの本 ［ メニィ　ブックス ］ **much** （☆数えられないものにつく） ［ マッチ ］ **much** water　多くの水 ［ マッチ　ウォータァ ］	
おおごえで　大声で	**loudly** ［ ラウドリィ ］ Sing more **loudly**. ［スィング　モーァ　ラウドリィ］ もっと大きな声で歌いなさい。	
オートバイ	**motorcycle** ［ モウタサイクル ］	
オーバー	**overcoat** ［ オウヴァコウト ］	
オーブン	**oven** ［ アヴン ］	
おおみそか	**New Year's Eve** ［ ニュー　イアズ　イーヴ ］	
おか　丘	**hill** ［ ヒル ］	
おかあさん　お母さん	**mother, mom** ［ マザァ ］［ マム ］	
おかしな	**funny** ［ ファニィ ］ The joke is very **funny**. ［ ザ　ジョウク イズ　ヴェリィ　ファニィ ］ その冗談はとてもおかしい。	

お

おきる 起きる
get up
[ゲット アップ]
I get up at seven.
[アイ ゲット アップ アット セヴン]
わたしは7時に起きます。

おく 置く
put
[プット]
Put the vase on the table.
[プット ザ ヴェイス オン ザ テイブル]
その花びんをテーブルの上においてください。

おくりもの 贈り物
gift, present
[ギフト] [プレゼント]

おくる 送る
send
[センド]
Please send me an e-mail.
[プリーズ センド ミー アン イーメイル]
わたしにEメールを送ってください。

おくれる 遅れる
be late
[ビー レイト]
Don't be late for school.
[ドゥント ビー レイト フォア スクール]
学校におくれないで。

おこった 怒った
angry
[アングリィ]
He is very angry.
[ヒー イズ ヴェリィ アングリィ]
彼はとてもおこっています。

おこる 起こる
happen
[ハプン]
What will happen next?
[ホワット ウィル ハプン ネクスト]
次に何がおこるのだろう？

おじいさん	**grandfather, grandpa** [グランファーザァ] [グランパー]
おしいれ 押し入れ	**closet** [クロゼット]
おしえる 教える	**teach** [ティーチ] Please teach me English. [プリーズ ティーチ ミー イングリッシュ] わたしに英語を教えてください。 **tell** (☆道などを) [テル] Tell me the way to the station. [テル ミー ザ ウェイ トゥ ザ ステイション] 駅への道を教えて。
おじぎをする お辞儀をする	**bow** [バウ] All the students bow to the teacher. [オール ザ ステューデンツ バウ トゥ ザ ティーチャァ] 生徒はみんなその先生におじぎをします。
おじさん	**uncle** [アンクル]
おしゃべりする	**chat, talk** [チャット] [トーク] I like to chat with friends. [アイ ライク トゥ チャット ウィズ フレンズ] わたしは友だちとおしゃべりするのが好きです。
おす 押す	**push** [プッシュ] Push that button. そのボタンをおしてください。 [プッシュ ザット バトゥン]

お

おすの　雄の	**male** [メイル]
おそい　遅い	**slow** [スロウ]
おそろしい　恐ろしい	**terrible** [テリブル]
	a **terrible** story　おそろしい話 [ア　テリブル　ストーリィ]
おたまじゃくし	**tadpole** [タッドポウル]
おちゃ　お茶	**tea** [ティー]
おちる　落ちる	**fall** [フォール]
	Don't **fall** in the river.　川に落ちないで。 [ドウント　フォール　イン　ザ　リヴァ]
おっと　夫	**husband** [ハズバンド]
おでこ・ひたい	**forehead** [フォーリッド]
おと　音	**sound** [サウンド]
おとうさん　お父さん	**father, dad** [ファーザァ]　[ダッド]
おとうと　弟	**little brother** [リトゥル　ブラザァ]
おとぎばなし　おとぎ話	**fairy tale** [フェアリィ　テイル]
おとこのひと　男の人	**man** [マン]

おとしもの　落とし物	**lost article** [ロースト　アーティクル]
おととい	**the day before yesterday** [ザ　デイ　ビフォーァ　イェスタデイ]
おとな　大人	**adult** [アダルト]
おとなしい	**quiet** [クワイエト] She is very quiet. [シー　イズ　ヴェリィ　クワイエト] 彼女はとてもおとなしい。
おどる　踊る	**dance** [ダンス] Let's dance. [レッツ　ダンス] おどりましょう。
おどろく　驚く	**be surprised** [ビー　サプライズド] I was surprised at the news. [アイ　ワズ　サプライズド　アット　ザ　ニューズ] わたしはそのニュースにおどろきました。
おなか	**stomach** [スタマック]
おなじ〜　同じ〜	**the same 〜** [ザ　セイム] We are in the same class. [ウィー　アー　イン　ザ　セイム　クラス] わたしたちは同じクラスにいます。
おにぎり（おむすび）	**rice ball** [ライス　ボール]

お

おにごっこ	**tag** [タッグ]	

Let's play tag! おにごっこをしよう！
[レッツ プレイ タッグ]

おばあさん	**grandmother, grandma** [グランマザァ] [グランマー]
おばけ お化け	**ghost** [ゴウスト]
おばさん	**aunt** [アント]
おぼえている	**remember** [リメンバァ]

Do you remember her name?
[ドゥ ユー リメンバァ ハー ネイム]
彼女の名前をおぼえていますか。

おまもり お守り	**(lucky) charm** [ラッキィ チャーム]
おまわりさん お巡りさん	**police officer** [ポリース オーフィサァ]
オムレツ	**omelet** [オムレット]
おもい 重い	**heavy** [ヘヴィ]

a heavy box おもい箱
[ア ヘヴィ ボックス]

おもいだす 思い出す	**remember** [リメンバァ]

I can't remember his birthday.
[アイ キャント リメンバァ ヒズ バースデイ]
わたしは彼の誕生日を思い出せません。

おもしろい　面白い	**interesting** [インタレスティング]	
	an **interesting** book　おもしろい本 [アン　インタレスティング　ブック]	
おもちゃ	**toy** [トイ]	
おや　親	**parent** (☆「両親」は parents) [ペアレント]	
おやつ	**snack** [スナック]	
およぐ　泳ぐ	**swim** [スウィム]	
	Let's **swim** in the pool. [レッツ　スウィム　イン　ザ　プール] プールでおよぎましょう。	
およそ	**about** [アバウト]	
	I read **about** ten books a month. [アイ　リード　アバウト　テン　ブックス　ア　マンス] わたしは1か月におよそ10冊の本を読みます。	
おりる　降りる・下りる	**get off** [ゲット　オーフ]	
	You must **get off** at the next stop. [ユー　マスト　ゲット　オーフ　アット　ザ　ネクスト　ストップ] あなたは次の停留所でおりなくてはなりません。	
オリンピック	**the Olympic Games** [ズィ　オリンピック　ゲイムズ]	
	the winter Olympic Games [ザ　ウィンタァ　オリンピック　ゲイムズ] 冬季オリンピック大会	

お

オルガン	**organ** [オーガン]	
オルゴール	**music box** [ミューズィック ボックス]	
オレンジ	**orange** [オーレンジ]	
おわり 終わり	**end** [エンド]	
おわる 終わる	**end, finish** [エンド] [フィニッシュ]	

The concert will **end** at nine.
[ザ コンサァト ウィル エンド アット ナイン]
そのコンサートは9時に終わります。

おんがく 音楽

music
[ミューズィック]

▶ **musician** 音楽家
[ミューズィシャン]

I want to be a **musician**.
[アイ ワント トゥ ビー ア ミューズィシャン]
ぼくは音楽家になりたい。

おんがくかい 音楽会	**concert** [コンサァト]	
おんしつ 温室	**greenhouse** [グリーンハウス]	
おんど 温度	**temperature** [テンペラチャァ]	
おんどけい 温度計	**thermometer** [サモメタァ]	
おんなのひと 女の人	**woman** [ウマン]	

か

か　蚊	**mosquito** [モスキートゥ]	
が	**moth** [モス]	
カーディガン	**cardigan** [カーディガン]	
カーテン	**curtain** [カートゥン]	
カーネーション	**carnation** [カーネイション]	
かい　貝	**shellfish** [シェルフィッシュ]	
▶	**shell**　貝がら [シェル]	
かいおうせい　海王星	**Neptune** [ネプテューン]	
かいがいりょこう　海外旅行	**foreign travel, travel abroad** [フォーリン　トゥラヴェル]　[トゥラヴェル　アブロード]	
かいがん　海岸	**seashore, beach** [スィーショーァ]　[ビーチ]	
かいぎ　会議	**meeting** [ミーティング]	
がいこく　外国	**foreign country** [フォーリン　カントゥリィ]	
かいしゃ　会社	**company** [カンパニィ] **a food company**　食品会社 [ア　フード　カンパニィ]	

33

かいしゃいん　会社員	**office worker** [オーフィス　ワーカァ]	
かいぞく　海賊	**pirate** [パイアレット]	
かいだん　階段	**stairs** (☆屋内の), **steps** (☆ふつう屋外の) [ステアズ]　　　　　　[ステップス]	
かいちゅうでんとう　懐中電灯	**flashlight** [フラッシュライト]	
かいぶつ　怪物	**monster** [モンスタァ]	
かいもの　買い物	**shopping** [ショピング] I like **shopping**.　わたしは買い物が好きです。 [アイ ライク　ショピング]	
かいわ　会話	**conversation** [カンヴァセイション]	
かう¹　買う	**buy** [バイ] I want to **buy** a camera. [アイ ワント トゥ バイ ア キャメラ] わたしはカメラを買いたい。	
かう²　飼う	**have, keep** [ハヴ]　[キープ] We **have** a cat.　うちではねこを飼っています。 [ウィー　ハヴ　ア キャット]	
かえす　返す	**return** [リターン] Did you **return** the book? [ディド ユー　リターン ザ　ブック] その本を返しましたか。	

かえる¹	**frog** [フロッグ]
かえる² 帰る	**come back, return** [カム バック][リターン] He will come back soon. [ヒー ウィル カム バック スーン] 彼はすぐに帰ってきます。 **go back** [ゴウ バック] Go back to your seat. [ゴウ バック トゥ ユア スィート] 席にもどりなさい。
かお 顔	**face** [フェイス]
がか 画家	**artist, painter** [アーティスト][ペインタァ]
かがく 科学	**science** [サイエンス]
かがくしゃ 科学者	**scientist** [サイエンティスト]
かかし	**scarecrow** [スケアクロウ]
かかと	**heel** [ヒール]
かがみ 鏡	**mirror** [ミラァ]
かき¹ 柿	**persimmon** [パァシモン]
かき²	**oyster** [オイスタァ]

か

かぎ 鍵

key
[キー]

Where is the key?
[ホウェア イズ ザ キー]

かぎはどこですか。

▶ **keyhole** かぎあな
[キーホウル]

かく¹ 書く

write
[ライト]

Write your name here, please.
[ライト ユア ネイム ヒア プリーズ]

ここに名前を書いてください。

かく² 描く

paint (☆絵の具でかく)
[ペイント]

I like to paint pictures.
[アイ ライク トゥ ペイント ピクチャァズ]

わたしは絵をかくのが好きです。

draw (☆ペンなどでかく)
[ドゥロー]

Draw a circle. 円をかきなさい。
[ドゥロー ア サークル]

かく³ 掻く

scratch
[スクラッチ]

Please scratch my back.
[プリーズ スクラッチ マイ バック]

背中をかいてください。

かぐ 家具

furniture
[ファーニチャァ]

がくせい 学生

student
[ステューデント]

36

かくれる 隠れる	**hide** [ハイド]	
	Hide behind that tree. [ハイド ビハインド ザット トゥリー] あの木のうしろにかくれなさい。	
かくれんぼう	**hide-and-seek** [ハイダンスィーク]	
かげ¹ 陰	**shade** (☆日陰) [シェイド]	
かげ² 影	**shadow** (☆人、物などの影) [シャドウ]	
がけ 崖	**cliff** [クリフ]	
かこ 過去	**the past** [ザ パスト]	
かご	**basket** [バスケット]	
かさ 傘	**umbrella** [アンブレラ]	
	Take an umbrella with you. [テイク アン アンブレラ ウィズ ユー] かさを持っていきなさい。	
かざり 飾り	**decoration** [デコレイション]	
かざん 火山	**volcano** [ヴォルケイノウ]	
かし 菓子	**sweets** [スウィーツ]	
かじ 火事	**fire** [ファイア]	

かしこい　賢い	**wise, smart** [ワイズ] [スマート]	
	a **wise** person　かしこい人 [ア　ワイズ　パースン]	
かしゅ　歌手	**singer** [スィンガァ]	
かす　貸す	**lend** [レンド]	
	Will you **lend** me the book? [ウィル　ユー　レンド　ミー　ザ　ブック]	
	その本をわたしにかしてくれませんか。	
かず　数	**number** [ナンバァ]	
ガス	**gas** [ギャス]	
カスタネット	**castanets** [キャスタネッツ]	
カステラ	**sponge cake** [スパンジ　ケイク]	
かぜ¹　風	**wind** [ウィンド]	
かぜ²　風邪	**cold** [コウルド]	
かせい　火星	**Mars** [マーズ]	
かぞえる　数える	**count** [カウント]	
	Please **count** to ten. [プリーズ　カウント　トゥ　テン]	
	10までかぞえてください。	

かぞく　家族	**family** [ファミリィ]	
	a **family** trip　家族旅行(かぞくりょこう) [ア　ファミリィ　トゥリップ]	
ガソリン	**gasoline, gas** [ギャソリーン]　[ギャス]	
ガソリンスタンド	**gas station** [ギャス　ステイション]	
かた　肩	**shoulder** [ショウルダァ]	
かたい　固い	**hard** [ハード]	
	This bread is **hard**.　このパンはかたい。 [ズィス　ブレッド　イズ　ハード]	
かたち　形	**shape** [シェイプ]	
かたづける　片付ける	**put away** [プット　アウェイ]	
	Put away the dishes.　食器(しょっき)をかたづけなさい。 [プット　アウェイ　ザ　ディッシズ]	
かたつむり	**snail** [スネイル]	
かだん　花壇	**flowerbed** [フラウアベッド]	
がちょう	**goose** [グース]	
かつ　勝つ	**win** [ウィン]	
	He will **win**.　彼(かれ)は勝(か)つでしょう。 [ヒー　ウィル　ウィン]	

がっかりする	**be disappointed** [ビー ディサ**ポ**インティッド]	
	I'm so disappointed. とてもがっかりだね。 [**ア**イム **ソ**ウ ディサ**ポ**インティッド]	
がっき 学期	**(school) term** [ス**ク**ール **タ**ーム]	
	The first term begins in April. [ザ **ファ**ースト **タ**ーム **ビギ**ンズ イン **エ**イプリル] 1学期は4月にはじまります。	
がっきゅういいん 学級委員	**class representative** [**ク**ラス レプリ**ゼ**ンタティヴ] (☆クラスのまとめ役)	
がっきゅうかい 学級会	**homeroom** [**ホ**ウムルーム]	
かっこいい	**cool** [**ク**ール]	
	Your hat is cool. きみのぼうし、かっこいいね。 [**ユ**ア **ハ**ット **イ**ズ **ク**ール]	
かっこう	**cuckoo** [**ク**ークー]	
がっこう 学校	**school** [ス**ク**ール]	
がっしょう 合唱	**chorus** [**コ**ーラス]	
カップ	**cup** [**カ**ップ]	
かてい 家庭	**home** [**ホ**ウム]	
	▶ **home economics** 家庭科 (☆科目) [**ホ**ウム イー**コ**ノミックス]	

かど 角	**corner** [コーナァ]	
かなしい 悲しい	**sad** [サッド]	
	a **sad** story 悲しい話 [ア サッド ストーリィ]	
かなづち 金づち	**hammer** [ハマァ]	
かに	**crab** [クラブ]	
かね¹ 金	**money** [マニィ]	
かね² 鐘	**bell** [ベル]	
かねもちの 金持ちの	**rich** [リッチ]	
	That man is **rich**. あの男の人は金持ちです。 [ザット マン イズ リッチ]	
かば	**hippo, hippopotamus** [ヒポウ] [ヒポポタマス]	
かばん	**bag** [バッグ]	
かびん 花瓶	**vase** [ヴェイス]	
かぶとむし かぶと虫	**beetle** [ビートゥル]	
かべ 壁	**wall** [ウォール]	
かぼちゃ	**pumpkin** [パンプキン]	

か

| かまきり | **(praying) mantis** [プレイング マンティス] |

がまんする 我慢する **put up with** [プット アップ ウィズ]

I can't put up with this noise.
[アイ キャント プット アップ ウィズ ズィス ノイズ]
この騒音にはがまんできません。

かみ¹ 神 **god** (☆しばしば God と大文字ではじめる)
[ゴッド]

かみ² 紙 **paper** [ペイパァ]

かみなり 雷 **thunder** [サンダァ]

かみのけ 髪の毛 **hair** [ヘア]

She has short hair.
[シー ハズ ショート ヘア]
彼女は髪を短くしています。

かむ **chew** [チュー]

Chew your food well.
[チュー ユア フード ウェル]
食べ物をよくかみなさい。

bite (☆かみつく) [バイト]

My dog won't bite.
[マイ ドーグ ウォウント バイト]
わたしの犬はかみつきません。

ガム **gum** [ガム]

かめ	**tortoise** (☆陸がめ) [トータス]	
	turtle (☆海がめ) [タートゥル]	
カメラ	**camera** [キャメラ]	
かも	**wild duck** [ワイルド　ダック]	
かもく　科目	**subject** [サブジェクト]	
かもめ	**seagull, gull** [スィーガル]　[ガル]	
かゆい	**itch** [イッチ] I **itch** all over. [アイ　イッチ　オール　オウヴァ] わたしは体じゅうがかゆい。	
がようし　画用紙	**drawing paper** [ドゥローイング　ペイパァ]	
からい　辛い	**hot** [ホット] This curry is too **hot**. [ズィス　カーリィ　イズ　トゥー　ホット] このカレーはからすぎます。	
からし	**mustard** [マスタァド]	
からす	**crow** [クロウ]	
ガラス	**glass** [グラス]	

からだ	体	**body** [ボディ]
からの	空の	**empty** [エンプティ]
		an **empty** bottle　からのびん [アン　エンプティ　ボトゥル]
かりる	借りる	**borrow** [ボロウ]
		I often **borrow** books from the library. [アイ　オーフン　ボロウ　ブックス　フロム　ザ　ライブレリィ] わたしはよく図書館で本をかります。
かるい	軽い	**light** [ライト]
		This coat is **light** and warm. [ズィス　コウト　イズ　ライト　アンド　ウォーム] このコートは軽くてあたたかい。
カレーライス		**curry and rice** [カーリィ　アンド　ライス]
カレンダー		**calendar** [キャレンダァ]
かわ¹	川・河	**river** [リヴァ]
		Don't swim in the **river**.　その川で泳ぐな。 [ドウント　スウィム　イン　ザ　リヴァ]
かわ²	革	**leather** [レザァ]
かわいい		**pretty, cute** [プリティ]　[キュート]
		a **pretty** hat　かわいいぼうし [ア　プリティ　ハット]

かわいた	**dry** [ドゥライ]
	a **dry** towel　かわいたタオル [ア ドゥライ　タウエル]
かん　缶	**can** [キャン]
かんがえ　考え	**idea** [アイディーア]
	That's a good **idea**. [ザッツ　ア　グッド　アイディーア] それはいい考えです。
かんがえる　考える	**think** [スィンク]
	Think about it carefully. [スィンク　アバウト　イット　ケアフリィ] それについてよく考えてみなさい。
カンガルー	**kangaroo** [キャンガルー]
かんきゃく　観客	**audience** [オーディエンス]
かんこう　観光	**sightseeing** [サイトスィーイング]
	a **sightseeing** tour　観光旅行 [ア　サイトスィーイング　トゥア]
かんごし　看護師	**nurse** [ナース]
かんじ　漢字	**Chinese character, kanji** [チャイニーズ　キャラクタァ] [カンジ]
がんじつ　元日	**New Year's Day** [ニュー　イアズ　デイ]

き

かんじる 感じる
feel
[フィール]
I feel cold. わたしは寒く感じます。
[アイ フィール コウルド]

かんたんな 簡単な
easy
[イーズィ]
This question is easy.
[ズィス クウェスチョン イズ イーズィ]
この問題はかんたんです。

simple
[スィンプル]
The rules are simple. ルールはかんたんです。
[ザ ルールズ アー スィンプル]

かんづめの 缶詰の
canned
[キャンド]
canned food 缶詰の食品
[キャンド フード]

かんばん 看板
signboard
[サインボード]

かんぺきな 完璧な
perfect
[パーフェクト]
a perfect plan かんぺきな計画
[ア パーフェクト プラン]

き

き 木
tree
[トゥリー]

▶ **wood** 木材
[ウッド]

46

きいろ（い） 黄色（い）	**yellow** [イェロウ]	
	yellow socks 黄色いくつした [イェロウ　ソックス]	
きかい　機械	**machine** [マシーン]	
ききゅう　気球	**balloon** [バルーン]	
きく¹　聞く・聴く	**hear** [ヒア]	
	Can you hear me? [キャン　ユー　ヒア　ミー] わたし（の声）が聞こえますか。	
	listen（☆注意して聞く） [リスン]	
	Listen to me. [リスン　トゥ　ミー] わたしの言うことを聞きなさい。	
きく²　菊	**chrysanthemum** [クリサンセマム]	
きけん　危険	**danger** [デインジャァ]	
▶	**dangerous** 危険な [デインジャラス]	
	a dangerous place 危険な場所 [ア　デインジャラス　プレイス]	
きし　岸	**shore** [ショーア]	
ぎし　技師	**engineer** [エンジニア]	

き

きしゃ	汽車	**train** [トゥレイン]
キス		**kiss** [キス]
きせつ	季節	**season** [スィーズン]
きそく	規則	**rule** [ルール]
きた	北	**north** [ノース]
ギター		**guitar** [ギター]
きたない	汚い	**dirty** [ダーティ]
		dirty clothes きたない服 [ダーティ クロウズ]
きつつき		**woodpecker** [ウッドペカァ]
きって	切手	**stamp** [スタンプ]
きつね		**fox** [フォックス]
きっぷ	切符	**ticket** [ティケット]
		▶ **ticket office** 切符売り場 [ティケット オーフィス]
きのう	昨日	**yesterday** [イエスタディ]
きのこ		**mushroom** [マッシュルーム]

きびしい 厳しい	**strict** [ストゥリクト]
	My teacher is strict. [マイ ティーチャァ イズ ストゥリクト] わたしの先生はきびしい。
きぼう 希望	**hope** [ホウプ]
きみょうな 奇妙な	**strange** [ストゥレインジ]
	a strange dream きみょうな夢 [ア ストゥレインジ ドゥリーム]
きめる 決める	**decide** [ディサイド]
	You must decide right now. [ユー マスト ディサイド ライト ナウ] あなたはいますぐ決めなくてはなりません。
きもち 気持ち	**feeling** [フィーリング]
きゃく 客	**guest** (☆招待客), **visitor** (☆訪問者) [ゲスト] [ヴィズィタァ]
	customer (☆店にきた客) [カスタマァ]
きゃくしつじょうむいん 客室乗務員	**cabin attendant** [キャビン アテンダント]
キャベツ	**cabbage** [キャベッジ]
キャンプ	**camping** [キャンピング]
きゅうか 休暇	**vacation** [ヴェイケイション]

き

きゅうきゅうしゃ 救急車	**ambulance** [アンビュランス]	
きゅうこうの 急行の	**express** [イクスプレス] an **express** train [アン イクスプレス トゥレイン] 急行列車	
きゅうこん 球根	**bulb** [バルブ]	
きゅうじつ 休日	**holiday** [ホリデイ]	
きゅうしょく 給食	**school lunch** [スクール ランチ]	
きゅうでん 宮殿	**palace** [パリス]	
きゅうに 急に	**suddenly** [サドゥンリィ] The train stopped **suddenly**. [ザ トゥレイン ストップト サドゥンリィ] 列車はきゅうにとまりました。	
ぎゅうにゅう 牛乳	**milk** [ミルク]	
きゅうり	**cucumber** [キューカンバァ]	
きょう 今日	**today** [トゥデイ]	
きょうかい 教会	**church** [チャーチ]	
きょうかしょ 教科書	**textbook** [テクストブック]	

ぎょうぎ　行儀	**manners**　[マナァズ] She has good manners. [シー　ハズ　グッド　マナァズ] 彼女はぎょうぎがいい。
きょうぎじょう　競技場	**stadium**　[ステイディアム]
ぎょうじ　行事	**event**　[イヴェント]
きょうしつ　教室	**classroom**　[クラスルーム]
きょうそう¹　競争	**competition**　[コンペティション]
きょうそう²　競走	**race**　[レイス]
きょうだい　兄弟	**brother(s)**　[ブラザァ(ズ)]
きょうりゅう　恐竜	**dinosaur**　[ダイノソーァ]
きょく　曲	**tune, song**　[テューン]　[ソーング]
きょねん　去年	**last year**　[ラスト　イア]
きょり　距離	**distance**　[ディスタンス]
きらう　嫌う	**dislike, hate** (☆大きらい) [ディスライク]　[ヘイト] I hate snakes. [アイ　ヘイト　スネイクス] わたしはへびが大きらいです。

き

きり 霧
mist, fog (☆fogのほうが濃い)
[ミスト] [フォッグ]

きりぎりす
grasshopper
[グラスホッパァ]

きりん
giraffe
[ジラフ]

きる¹ 切る
cut
[カット]
Don't cut your finger. 指を切らないでね。
[ドウント カット ユア フィンガァ]

きる² 着る
put on (☆動作)
[プット オン]
Put on your coat, Tom.
[プット オン ユア コウト トム]
トム、コートを着なさい。

wear (☆状態)
[ウェア]
She is wearing a red dress.
[シー イズ ウェアリング ア レッド ドゥレス]
彼女は赤いドレスを着ています。

きれいな
pretty
[プリティ]
a pretty flower きれいな花
[ア プリティ フラウア]

clean (☆清潔さをあらわす)
[クリーン]
a clean towel きれいなタオル
[ア クリーン タウエル]

きろく 記録
record
[レコド]

52

きん　金	**gold** [ゴウルド]
ぎん　銀	**silver** [スィルヴァ]
ぎんがけい　銀河系	**the Galaxy** [ザ　ギャラクスィ]
きんがんの　近眼の	**nearsighted** [ニアサイティッド] I am nearsighted. [アイ アム　ニアサイティッド] わたしは近眼です。
きんぎょ　金魚	**goldfish** [ゴウルドフィッシュ]
きんこ　金庫	**safe** [セイフ]
ぎんこう　銀行	**bank** [バンク]
きんじょ　近所	**neighborhood** [ネイバフッド] ▶ **neighbor** 近所の人 [ネイバァ]
きんせい　金星	**Venus** [ヴィーナス]
きんぞく　金属	**metal** [メトゥル]
きんちょうする　緊張する	**be nervous** [ビー　ナーヴァス] I'm very nervous now. [アイム ヴェリィ　ナーヴァス　ナウ] わたしはいま、とても緊張しています。

く

クイズ	**quiz** [クウィズ]	
くうき　空気	**air** [エア]	
くうこう　空港	**airport** [エアポート]	
くうふくの　空腹の	**hungry** [ハングリィ]	
	Are you **hungry**?　おなかがすいていますか。 [アー　ユー　ハングリィ]	
くぎ	**nail** [ネイル]	
くさ　草	**grass** (☆牧草など) [グラス]	
くし	**comb** [コウム]	
くじ	**lot** (☆くじ引き), **lottery** (☆宝くじ, 福引き) [ロット]　　　　　　[ロタリィ]	
くじゃく	**peacock** (☆おす), **peahen** (☆めす) [ピーコック]　　　　　　[ピーヘン]	
くしゃみをする	**sneeze** [スニーズ]	
くじら　鯨	**whale** [ホウェイル]	
くすぐる	**tickle** [ティクル]	
	Don't **tickle** me.　くすぐらないで。 [ドウント　ティクル　ミー]	

くすり 薬	**medicine** (☆薬全般(くすりぜんぱん)), **pill** (☆丸薬(がんやく)) [メディスィン] [ピル]	
くせ 癖	**habit** [ハビット]	
くだもの 果物	**fruit** [フルート]	
くち 口	**mouth** [マウス]	
くちばし	**bill** [ビル]	
くちびる 唇	**lip** (☆上下(じょうげ)のくちびるをさすときは lips となる) [リップ]	
くちぶえ 口笛	**whistle** [ホウィスル]	
くちべに 口紅	**lipstick** [リップスティック]	
くつ 靴	**shoes** (☆片方(かたほう)のくつだけをさすときは shoe) [シューズ] Put on your shoes. くつをはきなさい。 [プット オン ユア シューズ]	
クッキー	**cookie** [クッキィ]	
くつした 靴下	**socks** [ソックス]	
クッション	**cushion** [クション]	
くつひも 靴ひも	**shoelaces** [シューレイスィズ]	
くに 国	**country** [カントゥリィ]	

くび　首	**neck** [ネック]	
くびかざり　首飾り	**necklace** [ネックレス]	
くま	**bear** [ベア]	
くも¹	**spider** [スパイダァ]	
くも²　雲	**cloud** [クラウド]	
くもりの　曇りの	**cloudy** [クラウディ]	
	It's cloudy today.　きょうはくもりです。 [イッツ　クラウディ　トゥデイ]	
くらい　暗い	**dark** [ダーク]	
	a dark night　くらい夜 [ア　ダーク　ナイト]	
くらげ	**jellyfish** [ジェリィフィッシュ]	
クラス	**class** [クラス]	
クラブ	**club** [クラブ]	
	a soccer club　サッカークラブ [ア　サカァ　クラブ]	
くり　栗	**chestnut** [チェスナット]	
クリーム	**cream** [クリーム]	

くりかえす 繰り返す	**repeat** [リピート]	
	Don't repeat the same mistake. [ドウント リピート ザ セイム ミステイク] 同じまちがいをくりかえすな。	
クリスマス	**Christmas** [クリスマス]	
クリスマス・イブ	**Christmas Eve** [クリスマス イーヴ]	
くる 来る	**come** [カム]	
	Come here right away. [カム ヒア ライト アウェイ] すぐにここに来なさい。	
グループ	**group** [グループ]	
クレープ	**crepe** [クレイプ]	
グレープフルーツ	**grapefruit** [グレイプフルート]	
クレーンしゃ クレーン車	**crane truck** [クレイン トゥラック]	
クレヨン	**crayon** [クレイオン]	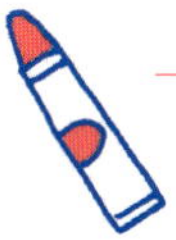
くろ(い) 黒(い)	**black** [ブラック]	
	a black cat 黒いねこ [ア ブラック キャット]	
クローバー	**clover** [クロウヴァ]	

け

グローブ	**glove** [グラヴ]
くわえる　加える	**add** [アッド]

Add some sugar.
[アッド　サム　シュガァ]
砂糖をすこしくわえてください。

け

け　毛	**hair** [ヘア]
けいかく　計画	**plan** [プラン]
けいけん　経験	**experience** [イクスピアリアンス]
けいこ　稽古	**lesson** [レスン]

a piano lesson　ピアノのおけいこ
[ア　ピアノウ　　レスン]

けいさつ　警察	**police** [ポリース]
けいさつかん　警察官	**police officer** [ポリース　オーフィサァ]
げいじゅつ　芸術	**art** [アート]
▶	**artist**　芸術家・画家 [アーティスト]
けいたいでんわ　携帯電話	**cell phone, mobile phone** [セル　フォウン][モウバイル　フォウン]

けいと　毛糸	**wool** [ウル]
ケーキ	**cake** [ケイク]
ケーブルカー	**cable car** [ケイブル　カー]
ゲーム	**game** [ゲイム]
けがわの　毛皮の	**fur** [ファー] a **fur** coat　毛皮のコート [ア　ファー　コウト]
けがをする	**be injured** [ビー　インジャァド] I **was injured** in the game. [アイ ワズ　インジャァド イン　ザ　ゲイム] わたしはその試合でけがをしました。 ▶ **injury**　けが [インジャリィ]
げき　劇	**drama, play** [ドゥラーマ]　[プレイ]
げきじょう　劇場	**theater** [スィーアタァ]
けしき　景色	**scenery, view** [スィーナリィ]　[ヴュー] What a beautiful **view**! [ホワット　ア　ビューティフル　ヴュー] なんて美しい景色なのだろう！
けしゴム　消しゴム	**eraser** [イレイサァ]

けす 消す	**turn off** (☆明かり・テレビなどを) ［ ターン　オーフ ］ **Turn off** the light. ［ ターン　オーフ　ザ　ライト ］ あかりを消して。	
	erase (☆文字・黒板などを) ［ イレイス ］ Please **erase** the blackboard. ［ プリーズ　イレイス　ザ　ブラックボード ］ 黒板を消してください。	
ケチャップ	**ketchup** ［ ケチャップ ］	
けっこんする 結婚する	**marry** ［ マリィ ］ He will **marry** Yumiko. ［ ヒー　ウィル　マリィ　ユミコ ］ 彼はユミコと結婚します。	
	▶ **marriage** 結婚, **wedding** 結婚式 ［ マリッジ ］　　　　　［ ウェディング ］	
けっせきする 欠席する	**be absent** ［ ビー　アブセント ］ He **is absent** from school today. ［ ヒー　イズ　アブセント　フロム　スクール　トゥデイ ］ 彼はきょう学校を休んでいます。	
	▶ **absence** 欠席 ［ アブセンス ］	
けむし 毛虫	**caterpillar** ［ キャタピラァ ］	
けむり 煙	**smoke** ［ スモウク ］	

ける	**kick** [キック] Kick the ball over here. [キック ザ ボール オウヴァ ヒア] そのボールをこっちにけって。	
けん　剣	**sword** [ソード]	
けんか	**fight** (☆なぐりあい), **quarrel** (☆口げんか) [ファイト]　　　　　[クウォーレル]	
げんかん　玄関	**front door** [フラント　ドーア]	
けんこう　健康	**health** [ヘルス]	
けんびきょう　顕微鏡	**microscope** [マイクロスコウプ]	

こ

コアラ	**koala** [コウアーラ]	
こい　鯉	**carp** [カープ]	
こいぬ　子犬	**puppy** [ハピィ]	
こううんな　幸運な	**lucky** [ラッキィ]	
こうえん　公園	**park** [パーク]	
こうか[1]　校歌	**school song** [スクール　ソーング]	

こうか² 硬貨	**coin** [コイン] a hundred-yen **coin** [ア　ハンドゥレッド　イェン　コイン] 100円硬貨
こうげきする 攻撃する	**attack** [アタック] The enemy will **attack** us at night. [ズィ　エネミィ　ウィル　アタック　アス　アット　ナイト] 敵は夜、わたしたちを攻撃してくるだろう。
こうこう 高校	**high school** [ハイ　スクール]
こうさく 工作	**handicraft** [ハンディクラフト]
こうじょう 工場	**factory** [ファクトリィ]
こうずい 洪水	**flood** [フラッド]
こうそうビル 高層ビル	**high-rise building, skyscraper** [ハイライズ　ビルディング] [スカイスクレイパァ]
こうそくどうろ 高速道路	**expressway, freeway** [イクスプレスウェイ] [フリーウェイ]
こうちゃ 紅茶	**tea** [ティー]
こうちょう 校長	**principal** [プリンスィプル]
こうつう 交通	**traffic** [トゥラフィック] ▶ **traffic jam** 交通渋滞 [トゥラフィック　ジャム]

こうつうしんごう 交通信号	**traffic light** [トゥラフィック　ライト] Turn left at the traffic light. [ターン　レフト　アット　ザ　トゥラフィック　ライト] その信号のところで左にまがりなさい。	
こうつうひょうしき 交通標識	**traffic sign** [トゥラフィック　サイン]	
こうてい　校庭	**schoolyard, playground** [スクールヤード]　[プレイグラウンド]	
こうばん　交番	**police box** [ポリース　ボックス]	
こうもり	**bat** [バット]	
こうもん　校門	**school gate** [スクール　ゲイト]	
こえ　声	**voice** [ヴォイス]	
コート	**coat** [コウト]	
コーヒー	**coffee** [コーフィ]	
こおり　氷	**ice** [アイス]	
こおる　凍る	**freeze** [フリーズ] This lake will freeze in winter. [ズィス　レイク　ウィル　フリーズ　イン　ウィンタァ] この湖は冬にはこおるでしょう。	
ゴール	**goal** (☆球技の)**, finish line** (☆競走の) [ゴウル]　　　　　[フィニッシュ　ライン]	

こ

こおろぎ	**cricket** [クリケット]	
ごきぶり	**cockroach** [コックロウチ]	
こぐ	**row** [ロウ]	

Let's row the boat.　ボートをこぎましょう。
[レッツ　ロウ　ザ　ボウト]

こくご　国語	**Japanese** (☆日本語) [ジャパニーズ]
こくさいてきな　国際的な	**international** [インタナショナル]

an international call　国際電話
[アン　インタナショナル　コール]

こくばん　黒板	**blackboard** [ブラックボード]
ここ（に）	**here** [ヒア]

Come here, please.　ここに来てください。
[カム　ヒア　プリーズ]

ごご　午後	**afternoon** [アフタヌーン]
ココア	**hot chocolate, cocoa** [ホット　チョーコレット]　[コウコウ]
こころ　心	**heart** [ハート]
こころみる　試みる	**try** [トゥライ]

Try it again.　もう一度やってみなさい。
[トゥライ イット アゲン]

64

こし　腰	**waist** (☆くびれた部分) [ウェイスト]
	hips (☆左右に張りだした部分) [ヒップス]
こしょう	**pepper** [ペパァ]
コスモス	**cosmos** [コズモス]
こぜに　小銭	**small change** [スモール　チェインジ]
ごぜん　午前	**morning** [モーニング]
こたえ　答え	**answer** [アンサァ]
こだま	**echo** [エコウ]
こづかい　小遣い	**pocket money** [ポケット　マニィ]
	allowance (☆定期的なこづかい) [アラウアンス]
こっき　国旗	**national flag** [ナショナル　フラッグ]
コック	**cook** [クック]
コップ	**glass** [グラス]
ことし　今年	**this year** [ズィス　イア]
ことば　言葉	**language** (☆言語), **word** (☆単語) [ラングウィッジ]　　[ワード]

こども　子供	**child, kid** [チャイルド]　[キッド]	
	▶ **children** 子どもたち [チルドゥレン]	
ことわざ	**saying, proverb** [セイイング]　[プロヴァーブ]	
こな　粉	**powder** [パウダァ]	
こねこ　子猫	**kitten** [キトゥン]	
この～	**this ～** [ズィス] **This doll is mine.** [ズィス　ドール　イズ　マイン] この人形はわたしのものです。	
ごはん　御飯	**rice** [ライス]	
こま	**top** [トップ]	
ごま	**sesame** [セサミィ] **Open sesame!** [オウプン　セサミィ] ひらけ、ごま！	
ごみ	**trash** (☆ごみ一般) [トゥラッシュ] **garbage** (☆生ごみ) [ガーベッジ]	
ごみばこ	**trash can** [トゥラッシュ　キャン]	

ゴム	**rubber** [ラバァ]
こむぎ　小麦	**wheat** [ホウィート]
▶	**barley** 大麦, **flour** 小麦粉 [バーリィ] [フラウア]
こめ　米	**rice** [ライス]
コメディアン	**comedian** [コミーディアン]
ゴリラ	**gorilla** [ゴリラ]
ゴルフ	**golf** [ゴルフ]
	a **golf** ball　ゴルフボール [ア　ゴルフ　ボール]
これ	**this** [ズィス]
	This is my bag.　これはわたしのバッグです。 [ズィス　イズ　マイ　バッグ]
ころす　殺す	**kill** [キル]
	Don't **kill** living things. [ドウント　キル　リヴィング　スィングズ] 生き物を殺さないで。
ころぶ　転ぶ	**fall** [フォール]
	Be careful not to **fall**. [ビー　ケアフル　ノット　トゥ　フォール] ころばないように気をつけなさい。

こ

こわがる 怖がる・恐がる	**be afraid** [ビー　アフレイド]	
	I am afraid of dogs. わたしは犬(いぬ)がこわい。 [アイ アム　アフレイド オヴ　ドーグズ]	
こわす　壊す	**destroy** [　ディストゥロイ　]	
	The typhoon destroyed his house. [ザ　　タイフーン　　ディストゥロイド　ヒズ　　ハウス] 台風(たいふう)が彼(かれ)の家(いえ)をこわしました。	
コンクール	**contest** [　コンテスト　]	
コンサート	**concert** [　コンサァト　]	
こんちゅう　昆虫	**insect** [　インセクト　]	
こんでいる 込んでいる	**be crowded** [ビー　　クラウディッド]	
	This train is very crowded. [ズィス　トゥレイン イズ　ヴェリィ　　クラウディッド] この電車(でんしゃ)はとてもこんでいます。	
コンパス	**compass** [　カンパス　]	
コンビニ	**convenience store** [　コンヴィーニャンス　　　ストーア　]	
コンピュータ	**computer** [　コンピュータァ　]	
コンピュータ・ プログラマー	**computer programmer** [　コンピュータァ　　　プロウグラマァ　]	
こんや　今夜	**tonight** [　トゥナイト　]	

さ

見出し	英語
サーカス	**circus** [サーカス]
サーフィン	**surfing** [サーフィング]
～さい　～歳	**～ year(s) old** [イア（ズ）　オウルド]

I'm nine years old.　わたしは9歳です。
[アイム　ナイン　イアズ　オウルド]

さいあくの　最悪の	**(the) worst** [ザ　ワースト]

the worst day　最悪の日
[ザ　ワースト　デイ]

サイクリング	**cycling** [サイクリング]
さいこうの　最高の	**(the) best** [ザ　ベスト]

the best movie　最高の映画
[ザ　ベスト　ムーヴィ]

さいごの　最後の	**(the) last** [ザ　ラスト]

the last game　最後の試合
[ザ　ラスト　ゲイム]

さいころ	**dice** [ダイス]
さいしょの　最初の	**(the) first** [ザ　ファースト]

the first day of school　学校の最初の日
[ザ　ファースト　デイ　オヴ　スクール]

さ	さいばんかん 裁判官	**judge** [ジャッジ]
	さいふ 財布	**wallet** (☆札入れ), **purse** (☆小銭入れ) [ワレット]　　　　　[パース]
	サイレン	**siren** [サイアレン]
	サイン	**signature** (☆署名) [スィグナチャァ]
		autograph (☆芸能人などの) [オートグラフ]
	さか 坂	**slope** [スロウプ]
	さがす 捜す	**look for** [ルック　フォア] I'm **looking for** the key. [アイム　ルキング　フォア　ザ　キー］ わたしはかぎをさがしています。
	さかだち 逆立ち	**handstand** [ハンドスタンド]
	さかな 魚	**fish** [フィッシュ]
	▶	**fried fish** 魚のフライ [フライド　フィッシュ]
	さかなつり 魚釣り	**fishing** [フィシング]
	さく 咲く	**bloom, come out** [ブルーム]　[カム　アウト] The roses will **bloom** soon. [ザ　ロウズィズ　ウィル　ブルーム　スーン] そのばらはもうすぐ咲くでしょう。

70

さくぶん 作文	**composition** [コンポズィション]	
さくら 桜	**cherry tree** (☆木) [チェリィ トゥリー]	
	cherry blossom (☆花) [チェリィ ブロッサム]	
さくらんぼ	**cherry** [チェリィ]	
さけ 鮭	**salmon** [サモン]	
さけぶ 叫ぶ	**shout, cry** [シャウト] [クライ]	
	The boy shouted, "Help!" [ザ ボイ シャウティッド ヘルプ] その少年は「助けて!」とさけびました。	
ささやく	**whisper** [ホウィスパァ]	
	He whispered something to her. [ヒー ホウィスパド サムスィング トゥ ハー] 彼は彼女になにかささやきました。	
さしえ 挿絵	**illustration** [イラストゥレイション]	
ざせき 座席	**seat** [スィート]	
さそり	**scorpion** [スコーピオン]	
さつ 札	**bill** [ビル]	
	a hundred-dollar bill 100ドル札 [ア ハンドゥレッド ドラァ ビル]	

サッカー	**soccer** [サカァ]
ざっし 雑誌	**magazine** [マガズィーン]
ざっそう 雑草	**weed** [ウィード]
さつまいも	**sweet potato** [スウィート　ポテイトウ]
さとう 砂糖	**sugar** [シュガァ]
さばく 砂漠	**desert** [デザァト]
さびしい 寂しい	**lonely** [ロウンリィ] I am very lonely.　わたしはとてもさびしい。 [アイ　アム　ヴェリィ　ロウンリィ]
サボテン	**cactus** [キャクタス]
さむい 寒い	**cold** [コウルド] a cold morning　寒い朝 [ア　コウルド　モーニング]
さめ 鮫	**shark** [シャーク]
さら 皿	**plate** （☆ふつう平たい丸皿をさす） [プレイト] **dish** （☆皿類全般をさす） [ディッシュ]
サラダ	**salad** [サラッド]

ざりがに	**crayfish** [クレイフィッシュ]	
さる　猿	**monkey** [マンキィ]	

さわぐ　騒ぐ　**make (a) noise** [メイク　ア　ノイズ]

Don't make so much noise.
[ドウント　メイク　ソウ　マッチ　ノイズ]

あまりさわがしくするな。

さわる　触る　**touch** [タッチ]

Don't touch the picture.
[ドウント　タッチ　ザ　ピクチャァ]

その絵にさわるな。

さんかくけい　三角形　**triangle** [トゥライアングル]

サングラス　**sunglasses** [サングラスィズ]

さんすう　算数　**arithmetic, math** [アリスメティック] [マス]

サンタクロース　**Santa Claus** [サンタ　クローズ]

サンドイッチ　**sandwich** [サンドウィッチ]

さんぽ　散歩　**walk** [ウォーク]

Let's take a walk.　さんぽにいきましょう。
[レッツ　テイク　ア　ウォーク]

さんりんしゃ　三輪車　**tricycle** [トゥライスィクル]

し

し¹ 死		**death** [デス]
	▶	**dead** 死んでいる [デッド]
		This fish is dead. この魚は死んでいます。 [ズィス フィッシュ イズ デッド]
し² 詩		**poem** [ポウエム]
しあい 試合		**match** (☆テニス、ボクシングなど) [マッチ]
		game (☆野球、サッカーなど) [ゲイム]
しあわせな 幸せな		**happy** [ハピィ]
		I'm really happy. わたしは本当に幸せです。 [アイム リーアリィ ハピィ]
	▶	**happiness** 幸せ [ハピネス]
シーソー		**seesaw** [スィーソー]
シーツ		**sheet** [シート]
シートベルト		**seat belt** [スィート ベルト]
ジーパン		**jeans** [ジーンズ]
ジェットき ジェット機		**jet plane** [ジェット プレイン]

ジェットコースター	**roller coaster** [ロウラァ コウスタァ]	
しお　塩	**salt** [ソールト]	
しか	**deer** [ディア]	
しかくけい　四角形	**square** [スクウェア]	
しかる	**scold** [スコウルド] Mother will scold me.　お母さんにしかられる。 [マザァ ウィル スコウルド ミー]	
じかん　時間	**time** [タイム] Time is money.　時は金なり。 [タイム イズ マニィ]	
じかんわり　時間割り	**time schedule, timetable** [タイム スケジュール］［タイムテイブル］	
ジグソーパズル	**jigsaw puzzle** [ジグソー パズル]	
しけん　試験	**exam, examination, test** [イグザム］［イグザミネイション］［テスト]	
じこ　事故	**accident** [アクシィデント] a traffic accident　交通事故 [ア トゥラフィック アクシィデント]	
じこく　時刻	**time** [タイム] What time is it?　（いま）何時ですか。 [ホワット タイム イズ イット]	

じごく	地獄	**hell** [ヘル]
しごと	仕事	**work, job** [ワーク] [ジョブ]
じしゃく	磁石	**magnet** [マグネット]
じしょ	辞書	**dictionary** [ディクショネリィ]
しじん	詩人	**poet** [ポウエト]
じしん	地震	**earthquake** [アースクウェイク]
しずかな	静かな	**quiet** [クワイエト] Be **quiet**, please. 静かにしてください。 [ビー クワイエト プリーズ]
しずむ	沈む	**sink** [スィンク] Did the ship **sink**? [ディド ザ シップ スィンク] その船はしずんだのですか。
しぜん	自然	**nature** [ネイチャァ]
した	舌	**tongue** [タング]
〜したい		**want to 〜** [ワント トゥ] I **want to** play soccer. [アイ ワント トゥ プレイ サカァ] ぼくはサッカーをしたい。

したぎ 下着	**underwear** [アンダウェア]	
したに 下に	**down** [ダウン] The sun is going down. [ザ サン イズ ゴウイング ダウン] 太陽がしずもうとしています。	
しちめんちょう 七面鳥	**turkey** [ターキィ]	
シチュー	**stew** [ステュー]	
じっけん 実験	**experiment** [イクスペリメント]	
しっている 知っている	**know** [ノウ] Do you know his name? [ドゥ ユー ノウ ヒズ ネイム] 彼の名前を知っていますか。	
ジッパー	**zipper** [ズィパァ]	
しっぱい 失敗	**failure** [フェイリャァ]	
しっぽ	**tail** [テイル]	
しつもん 質問	**question** [クウェスチョン]	
じてんしゃ 自転車	**bicycle, bike** [バイスィクル] [バイク]	
じどうしゃ 自動車	**car** [カー]	

じどうはんばいき 自動販売機	**vending machine** [ヴェンディング　マシーン]	
しぬ　死ぬ	**die** [ダイ] I don't want to die.　わたしは死にたくない。 [アイ ドゥント ワント トゥ ダイ]	
しばしば	**often** [オーフン] I often play soccer after school. [アイ オーフン プレイ サカァ アフタァ スクール] わたしは放課後しばしばサッカーをします。	
しはらう　支払う	**pay** [ペイ] You must pay five hundred yen. [ユー マスト ペイ ファイヴ ハンドゥレッド イェン] あなたは500円しはらわなくてはなりません。	
しま　島	**island** [アイランド]	
しまい　姉妹	**sister(s)** [スィスタァ(ズ)]	
しまうま	**zebra** [ズィーブラ]	
しめる　閉める	**close** [クロウズ] Close the window.　窓をしめてください。 [クロウズ ザ ウィンドウ]	
じめん　地面	**ground** [グラウンド]	
しも　霜	**frost** [フロスト]	

見出し	英語
シャープペンシル	mechanical pencil [メキャニカル ペンスル]
しゃかい　社会	society [ソサイエティ]
しゃかいか　社会科	social studies [ソウシャル スタディズ]
じゃがいも	potato [ポテイトウ]
じゃぐち　蛇口	faucet [フォーセット]
しゃこ　車庫	garage [ガラージュ]
しゃしょう　車掌	conductor [コンダクタァ]
しゃしん　写真	photo, photograph, picture [フォウトウ] [フォウトグラフ] [ピクチャァ]
▶	photographer　写真家 [フォトグラファ]
しゃせい　写生	sketch [スケッチ]
シャツ	shirt (☆ワイシャツ) [シャート]
	undershirt (☆下着のシャツ) [アンダシャート]
しゃっくり	hiccup [ヒカップ]
シャベル	shovel [シャヴル]
シャボンだま　シャボン玉	soap bubble [ソウプ バブル]

じゃまする	**disturb** [ディス**ター**ブ]	
	Don't **disturb** me. [ドウント ディス**ター**ブ ミー]	じゃまをしないでください。
ジャム	**jam** [ジャム]	
シャワー	**shower** [シャ**ウ**ア]	
ジャングル	**jungle** [**ジャ**ングル]	
ジャングルジム	**jungle gym** [**ジャ**ングル ジム]	
じゃんけん	**rock, paper, scissors** [ロック **ペ**イパァ ス**イ**ザァズ]	
しゅう　週	**week** [ウィーク]	
じゅう　銃	**gun, pistol** [ガン] [**ピ**ストゥル]	
じゅうい　獣医	**vet** [ヴェット]	
しゅうがくりょこう 修学旅行	**school excursion, school trip** [ス**クー**ル イクス**カー**ジョン] [ス**クー**ル トゥリップ]	
シュークリーム	**cream puff** [ク**リー**ム パフ]	
じゅうしょ　住所	**address** [**ア**ドゥレス]	
ジュース	**juice** [**ジュー**ス]	
じゅうたん	**carpet** (☆部屋全体にしく) [**カー**ペット]	

		rug（☆部屋(へや)の一部(いちぶ)にしく） ［ ラグ ］
じゆうな	自由な	**free** ［ フリー ］ We live in a free country. ［ウィー リヴ イン ア フリー カントゥリィ］ わたしたちは自由(じゆう)な国(くに)に住(す)んでいます。
		▶ **freedom** 自由(じゆう) ［ フリーダム ］
じゅうぶんな	十分な	**enough** ［ イナフ ］ enough money　じゅうぶんなお金(かね) ［ イナフ　　マニィ ］
しゅうまつ	週末	**weekend** ［ ウィーケンド ］
じゅぎょう	授業	**class, lesson** ［ クラス ］ ［ レスン ］
しゅくじつ	祝日	**national holiday** ［ ナショナル　　ホリデイ ］
しゅくだい	宿題	**homework** ［ ホウムワーク ］
〜しゅっしん	〜出身	**from 〜** ［ フロム ］ I'm from Nagasaki.　わたしは長崎出身(ながさきしゅっしん)です。 ［アイム　フロム　　ナガサキ ］
しゅっぱつする	出発する	**leave, start** ［ リーヴ ］ ［ スタート ］ What time do you leave for school? ［ホワット タイム ドゥ ユー リーヴ フォア スクール］ あなたは何時(なんじ)に学校(がっこう)に出(で)かけますか。

しゅと　首都	**capital** [キャピトゥル]	
しゅふ　主婦・主夫	**homemaker** [ホウムメイカァ]	
しゅみ　趣味	**hobby** [ホビィ]	
しゅるい　種類	**kind** [カインド] What **kind** of music do you like? [ホワット　カインド　オヴ　ミューズィック　ドゥ　ユー　ライク] あなたはどんな種類の音楽が好きですか。	
じゅんびする 準備する	**prepare** [プリペア] Let's **prepare** the dinner. [レッツ　プリペア　ザ　ディナァ] 夕食のしたくをしましょう。	
しょう　賞	**prize** [プライズ] a Nobel **prize** [ア　ノウベル　プライズ] ノーベル賞	
しょうかいする 紹介する	**introduce** [イントゥロデュース] Please **introduce** me to him. [プリーズ　イントゥロデュース　ミー　トゥ　ヒム] わたしを彼に紹介してください。	
しょうがくせい 小学生	**elementary school student** [エレメンタリィ　スクール　ステューデント]	
しょうがつ　正月	**the New Year** [ザ　ニュー　イア]	

しょうがっこう 小学校	**elementary school** [エレメンタリィ スクール]
じょうぎ 定規	**ruler** [ルーラァ]
じょうきゃく 乗客	**passenger** [パセンジァァ]
しょうご 正午	**noon** [ヌーン]
しょうじきな 正直な	**honest** [オネスト] an honest person 正直な人 [アン オネスト パースン]
しょうじょ 少女	**girl** [ガール]
じょうずに 上手に	**well** [ウェル] He can play the piano well. [ヒー キャン プレイ ザ ピアノウ ウェル] 彼はピアノをじょうずにひけます。 ▶ **good** じょうずな [グッド] He is good at skiing. 彼はスキーがじょうずだ。 [ヒー イズ グッド アット スキーイング]
しょうせつ 小説	**novel** [ノヴル]
しょうたいする 招待する	**invite** [インヴァイト] Let's invite her to dinner. [レッツ インヴァイト ハー トゥ ディナァ] 彼女を夕食に招待しましょう。

し

83

じょうだん	冗談	**joke** [ジョウク]
しょうねん	少年	**boy** [ボイ]
じょうぶな	丈夫な	**healthy** (☆健康な) [ヘルスィ] a **healthy** boy　じょうぶな少年 [ア　ヘルスィ　ボイ] **strong** (☆頑丈な) [ストゥローング] a **strong** rope　じょうぶなロープ [ア ストゥローング　ロウプ]
じょうほう	情報	**information** [インファメイション] useful **information**　役に立つ情報 [ユースフル　インファメイション]
しょうぼうし	消防士	**firefighter** [ファイアファイタァ]
しょうぼうしゃ	消防車	**fire engine** [ファイア　エンジン]
しょうゆ	しょう油	**soy sauce** [ソイ　ソース]
じょおう	女王	**queen** [クウィーン]
しょくいんしつ	職員室	**teachers' room, staff room** [ティーチャァズ　ルーム] [スタッフ　ルーム]
しょくぎょう	職業	**job, occupation** [ジョブ] [オキュペイション]
しょくじ	食事	**meal** [ミール]

しょくどう 食堂	**dining room** (☆食事をする部屋) [ダイニング　　ルーム]
	restaurant (☆店) [　レストラント　]
	cafeteria (☆セルフサービスの食堂) [キャフェティアリア]
しょくぶつ 植物	**plant** [　プラント 　]
じょせい 女性	**woman** [　ウマン　]
しょっぱい	**salty** [　ソールティ　] This soup is salty.　このスープはしょっぱい。 [ズィス　スープ　イズ　ソールティ]
しり 尻	**buttocks** [　バトックス　]
しろ 城	**castle** [　キャスル　]
しろ(い) 白(い)	**white** [　ホワイト　] a white shirt　白いシャツ [ア　ホワイト　シャート]
しわ	**wrinkle** [　リンクル　]
じんこうえいせい 人工衛星	**artificial satellite** [アーティフィシャル　　サテライト]
しんしつ 寝室	**bedroom** [　ベッドルーム　]
しんじゅ 真珠	**pearl** [　パール　]

しんじる	信じる	**believe** [ビリーヴ]
		I believe you. [アイ ビリーヴ ユー] わたしはあなたの言うことを信じます。
しんせき	親せき	**relative** [レラティヴ]
しんせつな	親切な	**kind** [カインド]
		She's very kind. [シーズ ヴェリィ カインド] 彼女はとても親切です。
しんぞう	心臓	**heart** [ハート]
しんちょう	身長	**height** [ハイト]
しんぱいする	心配する	**worry** [ワーリィ]
		Don't worry. 心配しないで。 [ドウント ワーリィ]
しんぱん	審判	**referee** (☆バスケットボール・ボクシングなど) [レフェリー]
		umpire (☆野球・テニスなど) [アンパイア]
しんぴ	神秘	**mystery** [ミステリィ]
		the mystery of the universe 宇宙の神秘 [ザ ミステリィ オヴ ザ ユーニヴァース]
しんぶん	新聞	**newspaper, paper** [ニューズペイパァ] [ペイパァ]

す

見出し	英語	読み
す¹ 巣	nest	[ネスト]
す² 酢	vinegar	[ヴィネガァ]
すいえい 水泳	swimming	[スウィミング]
すいか	watermelon	[ウォータメロン]
すいせい¹ 水星	Mercury	[マーキュリィ]
すいせい² 彗星	comet (☆ほうき星のこと)	[コメット]
すいせん 水仙	narcissus	[ナースィサス]
すいそう 水槽	fish tank (☆魚飼育用のもの)	[フィッシュ タンク]
すいぞくかん 水族館	aquarium	[アクウェアリアム]
すいとう 水筒	water bottle	[ウォータァ ボトゥル]
すうがく 数学	math, mathematics	[マス] [マセマティックス]
すうじ 数字	number	[ナンバァ]
スーパーマーケット	supermarket	[スーパマーケット]
スープ	soup	[スープ]

スカート	**skirt** [スカート]	
ずがこうさく 図画工作	**arts and crafts** [アーツ　アンド　クラフツ]	
すき　好き	**like** [ライク]	
	I like baseball.　わたしは野球が好きです。 [アイ　ライク　ベイスボール]	
▶	**love**　大好き [ラヴ]	
	I love dogs.　わたしは犬が大好きです。 [アイ　ラヴ　ドーグズ]	
すぎ　杉	**Japanese cedar** [ジャパニーズ　スィーダァ]	
スキー	**skiing** [スキーイング]	
▶	**ski**　スキーをする [スキー]	
	I want to ski.　わたしはスキーがしたい。 [アイ　ワント　トゥ　スキー]	
すきな　好きな	**favorite** [フェイヴァリット]	
	my favorite song　わたしの好きな歌 [マイ　フェイヴァリット　ソーング]	
すぐに	**soon, right away** [スーン]　[ライト　アウェイ]	
	Spring will come soon.　もうすぐ春が来ます。 [スプリング　ウィル　カム　スーン]	
スケート	**skating** [スケイティング]	

	▶ **skate** スケートをする ［ スケイト ］ **Let's skate.** スケートをしよう！ ［ レッツ　スケイト ］	
スケートボード	**skateboard** ［　　スケイトボード　　］	
スケジュール	**schedule** ［　スケジュール　］	
すこし　少し	**a few**（☆数えられるものにつく） ［ア　フュー］ **a few books** 少しの本 ［ア　フュー　ブックス］ **a little**（☆数えられないものにつく） ［ア　リトゥル］ **a little water** 少しの水 ［ア　リトゥル　ウォータァ］	
すし　寿司	**sushi** ［ スーシ ］	
すずしい　涼しい	**cool** ［ クール ］ **a cool wind** すずしい風 ［ア　クール　ウィンド］	
すずめ	**sparrow** ［　スパロウ　］	
すずらん	**lily of the valley** ［リリィ　オヴ　ザ　ヴァリィ］	
スター	**star** ［ スター ］ **a movie star** 映画スター ［ア　ムーヴィ　スター］	

スタジアム	**stadium** [ステイディアム]
ずつう　頭痛	**headache** [ヘデイク]
すっぱい　酸っぱい	**sour** [サウア] a **sour** orange [ア　サウア　オーレンジ] すっぱいオレンジ
ステーキ	**steak** [ステイク]
すてきな	**nice, cool** [ナイス]　[クール] a **nice** dress　すてきなドレス [ア　ナイス　ドゥレス]
すてる　捨てる	**throw away** [スロウ　アウェイ] **Throw away** the garbage. [スロウ　アウェイ　ザ　ガーベッジ] ごみを捨てなさい。
ストーブ	**heater** [ヒータァ]
ストロー	**straw** [ストゥロー]
すな　砂	**sand** [サンド]
スニーカー	**sneakers** [スニーカァズ]
スパゲッティ	**spaghetti** [スパゲティ]

すばらしい	**wonderful, great** [ワンダフル] [グレイト]	
	a **wonderful** experience すばらしい経験(けいけん) [ア ワンダフル イクスピアリアンス]	
スピード	**speed** [スピード]	
スプーン	**spoon** [スプーン]	
すべりだい 滑り台	**slide** [スライド]	
すべる 滑る	**slip** [スリップ]	
	Don't **slip** on the ice. [ドウント スリップ オン ズィ アイス] 氷(こおり)の上(うえ)ですべってころばないで。	
スポーツ	**sport** [スポート]	
ズボン	**pants, slacks** [パンツ] [スラックス]	
すみれ	**violet** [ヴァイオレット]	
すむ 住む	**live** [リヴ]	
	I **live** in Yokohama. [アイ リヴ イン ヨコハマ] わたしは横浜(よこはま)に住(す)んでいます。	
すもも	**plum** [プラム]	
スリッパ	**slippers** [スリパァズ]	

| すわる | 座る | **sit** [スィット] |

Let's **sit** on the bench. ベンチにすわりましょう。
[レッツ スィット オン ザ ベンチ]

せ

せいかく	性格	**character, personality** [キャラクタァ] [パーソナリティ]
せいかつ	生活	**life** [ライフ]
せいこう	成功	**success** [サクセス]
せいざ	星座	**constellation** [コンステレイション]
せいじか	政治家	**politician** [ポリティシャン]
せいせき	成績	**grade** [グレイド]

I got a good **grade** in math.
[アイ ゴット ア グッド グレイド イン マス]
わたしは数学でよい成績をとりました。

| せいと | 生徒 | **student** [ステューデント] |

a junior high school **student** 中学生
[ア ジューニャア ハイ スクール ステューデント]

| せいふく | 制服 | **uniform** [ユーニフォーム] |
| せいぶつ | 生物 | **creature** [クリーチャァ] |

せいほうけい 正方形	**square** [スクウェア]	
セーター	**sweater** [スウェタァ]	
せかい 世界	**world** [ワールド]	
せき¹ 咳	**cough** [コーフ]	
せき² 席	**seat** [スィート]	
せきゆ 石油	**oil** [オイル]	
せっけん 石けん	**soap** [ソウプ]	
せっちゃくざい 接着剤	**glue** [グルー]	
せなか 背中	**back** [バック]	
せまい 狭い	**small** (☆面積が) [スモール] a small room せまい部屋 [ア スモール ルーム] **narrow** (☆はばが) [ナロウ] a narrow street せまい通り [ア ナロウ ストゥリート]	
せみ	**cicada** [スィケイダ]	
ゼリー	**jelly** [ジェリィ]	

せ

セロハンテープ		**Scotch tape** (☆商標名) [　　スコッチ　　テイプ　]
せわ	世話	**care** [　　ケア　] I'll take **care** of the dog. [アイル テイク　ケア　オヴ ザ　ドーグ] わたしが犬の世話をします。
せん	線	**line** [　　ライン　]
せんしゅ	選手	**player** [　　プレイア　] a soccer **player**　サッカー選手 [ア　サカァ　プレイア　]
せんすいかん	潜水艦	**submarine** [　　サブマリーン　]
せんせい	先生	**teacher** [　　ティーチァ　]
せんそう	戦争	**war** [　　ウォーア　]
せんたくき	洗濯機	**washing machine** [　　ワシング　　マシーン　]
せんたくする	洗濯する	**wash** [　　ワッシュ　] **Wash** your clothes. [　ワッシュ　ユア　クロウズ　] 服をせんたくしなさい。
せんたくもの	洗濯物	**laundry** [　　ローンドゥリィ　]
せんちょう	船長	**captain** [　　キャプテン　]

せんぷうき　扇風機	**fan** [ファン]	
せんめんじょ　洗面所	**bathroom** [バスルーム]	
せんろ　線路	**track** [トゥラック]	

そ

ぞう　象	**elephant** [エレファント]	
そうじき　掃除機	**vacuum cleaner** [ヴァキュアム　クリーナァ]	
そうじする　掃除する	**clean** [クリーン] Clean your room. [クリーン　ユア　ルーム] 自分の部屋をそうじしなさい。	
ソース	**sauce** [ソース]	
ソーセージ	**sausage** [ソーセッジ]	
ソーダ	**soda** [ソウダ]	
そこ　底	**bottom** [ボトム]	
そだつ　育つ	**grow** [グロウ] Children grow fast. 子どもははやく成長します。 [チルドゥレン　グロウ　ファスト]	

そつぎょう 卒業	**graduation** [グラジュ**エ**イション]	
	▶ **graduation ceremony** 卒業式（そつぎょうしき） [グラジュ**エ**イション セレモウニィ]	
そつぎょうする 卒業する	**graduate** [グ**ラ**ジュエイト] I'll **graduate** next year. [アイル グ**ラ**ジュエイト ネクスト イア] わたしは来年（らいねん）卒業（そつぎょう）します。	
そで	**sleeve** [スリーヴ]	
ソファー	**sofa** [**ソ**ウファ] Please sit on the **sofa**. [プリーズ ス**ィ**ット オン ザ **ソ**ウファ] ソファーにおすわりください。	
そら 空	**sky** [ス**カ**イ] Look up at the **sky**. [**ル**ック **ア**ップ アット ザ ス**カ**イ] 空（そら）を見上（みあ）げてごらん。	
そり	**sled** (☆すべって遊（あそ）ぶ小型（こがた）の) [スレッド] **sleigh** (☆馬（うま）などがひく大型（おおがた）の) [スレイ]	
そんけいする 尊敬する	**respect** [リス**ペ**クト] I **respect** my parents. [アイ リス**ペ**クト マイ ペアレンツ] わたしは両親（りょうしん）を尊敬（そんけい）しています。	

た

たいいく	体育（教科）	**physical education, P.E.** [フィズィカル　エジュケイション]　[ピーイー]
たいいくかん	体育館	**gym, gymnasium** [ジム]　[ジムネイズィアム]
たいおんけい	体温計	**(clinical) thermometer** [クリニカル　サモメタァ]
だいがく	大学	**university**（☆総合大学） [ユーニヴァースィティ] **college**（☆単科大学。総合大学の意味でも使う） [カレッジ]
だいく	大工	**carpenter** [カーペンタァ]
たいこ	太鼓	**drum** [ドゥラム]
だいこん	大根	**Japanese radish** [ジャパニーズ　ラディッシュ]
だいじな	大事な	**important** [インポータント] an important meeting　だいじな会議 [アン　インポータント　ミーティング]
たいじゅう	体重	**weight** [ウェイト]
だいじょうぶ	大丈夫	**all right** [オール　ライト] Are you all right?　だいじょうぶですか。 [アー　ユー　オール　ライト]
だいず	大豆	**soybean** [ソイビーン]

たいそう　体操	**gymnastics, gym** [ジム**ナ**スティックス]　[ジム]	
たいそうぎ　体操着	**gym clothes** [ジム　　クロウズ]	
だいどころ　台所	**kitchen** [キチン]	
たいふう　台風	**typhoon** [タイフーン]	
タイヤ	**tire** [タイア]	
ダイヤモンド	**diamond** [ダイアモンド]	
たいよう　太陽	**the sun** [ザ　サン]	
たいらな　平らな	**flat** [フラット] a **flat** land　たいらな土地 [ア　フラット　ランド]	
タオル	**towel** [タウエル]	
たか	**hawk** [ホーク]	
たかい　高い	**high** [ハイ] a **high** mountain　高い山 [ア　ハイ　マウンテン] **tall**（☆背が高い） [トール] a **tall** man　背の高い男の人 [ア　トール　マン]	

	expensive (☆高価な) [イクスペンスィヴ] an **expensive** watch [アン　イクスペンスィヴ　　ワッチ] 値段の高い時計	
たからもの　宝物	**treasure** [トゥレジャァ]	
たき　滝	**falls, waterfall** [フォールズ] [ウォータフォール]	
たきび　たき火	**bonfire** [ボンファイア]	
だく　抱く	**hold, hug** [ホウルド]　[ハグ] She is **holding** her baby. [シー　イズ　ホウルディング　ハー　ベイビィ] 彼女は赤ちゃんをだいています。	
たくさんの	**many** (☆数えられるものにつく) [メニィ] **many** plastic bottles　たくさんのペットボトル [メニィ　プラスティック　ボトゥルズ] **much** (☆数えられないものにつく) [マッチ] **much** water　たくさんの水 [マッチ　ウォータァ]	
タクシー	**taxi, cab** [タクスィ] [キャブ]	
たけ　竹	**bamboo** [バンブー]	
たこ¹　凧	**kite** [カイト]	

たこ²		**octopus** [オクトパス]
たすける	助ける	**help** [ヘルプ] Please help me. [プリーズ　ヘルプ　ミー] わたしをたすけてください。
たずねる		**ask** [アスク] Can I ask you a question? [キャン アイ アスク　ユー　ア　クウェスチョン] 質問をしてもいいですか。
たたかい	戦い	**fight, battle** [ファイト] [バトゥル]
ただしい	正しい	**right, correct** [ライト] [コレクト] You are right.　あなたは正しい。 [ユー　アー　ライト]
だちょう		**ostrich** [オーストゥリッチ]
たつ	立つ	**stand** [スタンド] Stand up, please.　立ってください。 [スタンド　アップ　プリーズ]
たっきゅう	卓球	**table tennis, ping-pong** [テイブル　テニス] [ピングポング]
たつまき	竜巻	**tornado, twister** [トーネイドウ] [トゥウィスタァ]
たてぶえ	縦笛	**recorder** [リコーダァ]

たてもの　建物	**building** [ビルディング]	
たてる　建てる	**build** [ビルド]	
	Let's **build** a doghouse. [レッツ　ビルド　ア　ドーグハウス] 犬小屋をたてましょう。	
たな　棚	**shelf** [シェルフ]	
▶	**cupboard** 戸棚・食器戸棚 [カバァド]	
たなばた　七夕	**the Star Festival** [ザ　スター　フェスティヴァル]	
たに　谷	**valley** [ヴァリィ]	
たぬき	**raccoon dog** [ラクーン　ドーグ]	
たね　種	**seed** [スィード]	
たのしむ　楽しむ	**enjoy, have fun** [インジョイ]　[ハヴ　ファン]	
	Please **enjoy** the party. [プリーズ　インジョイ　ザ　パーティ] パーティーを楽しんでください。	
たばこ	**cigarette** [スィガレット]	
▶	**smoke** たばこをすう [スモウク]	
	Don't **smoke** here. ここでたばこをすわないで。 [ドウント　スモウク　ヒア]	

たび 旅	**travel** (☆旅をあらわすもっとも一般的な語) ［トゥラヴェル］	
	trip (☆短い旅), **journey** (☆長い旅) ［トゥリップ］　　　　［ジャーニィ］	
たべもの 食べ物	**food** ［フード］	
たべる 食べる	**eat** ［イート］	
	I don't eat meat. わたしは肉は食べません。 ［アイ ドウント イート ミート］	
たまご 卵	**egg** ［エッグ］	
たまねぎ 玉ねぎ	**onion** ［アニャン］	
ダム	**dam** ［ダム］	
だれ	**who** ［フー］	
	Who is that girl? あの女の子はだれですか。 ［フー イズ ザット ガール］	
だれの	**whose** ［フーズ］	
	Whose car is this? これはだれの車ですか。 ［フーズ カー イズ ズィス］	
たんけんする 探検する	**explore** ［イクスプローァ］	
	Let's explore this island. この島を探検しよう。 ［レッツ イクスプローァ ズィス アイランド］	
ダンサー	**dancer** ［ダンサァ］	

たんじょうび　誕生日	**birthday** [バースデイ]
たんす	**chest of drawers** [チェスト　オヴ　ドゥローアズ]
ダンス	**dance** [ダンス]
たんてい　探偵	**detective** [ディテクティヴ]
ダンプカー	**dump truck** [ダンプ　トゥラック]
たんぼ　田んぼ	**rice paddy** [ライス　パディ]
だんボールばこ　段ボール箱	**cardboard box** [カードボード　ボックス]
たんぽぽ	**dandelion** [ダンデライオン]

ち

ち　血	**blood** [ブラッド]
ちいさい　小さい	**small** [スモール] a small town　小さい町 [ア　スモール　タウン] **little** [リトゥル] a little girl　小さい女の子 [ア　リトゥル　ガール]

103

チーズ	**cheese** [チーズ]	
チーム	**team** [ティーム]	
ちえ 知恵	**wisdom** [ウィズダム]	
ちかい¹ 近い	**near** [ニア] My house is near the station. [マイ　ハウス　イズ　ニア　ザ　ステイション] わたしの家は駅に近い。	
ちかい² 地階	**basement** [ベイスメント] the second basement　地下2階 [ザ　セカンド　ベイスメント]	
ちがう 違う	**different** [ディファレント] My opinion is different from yours. [マイ　オピニャン　イズ　ディファレント　フロム　ユアズ] わたしの意見はあなたのとはちがいます。	
ちかてつ 地下鉄	**subway** [サブウェイ]	
ちかの 地下の	**underground** [アンダグラウンド] an underground shopping mall　地下街 [アン　アンダグラウンド　ショピング　モール]	
ちかみち 近道	**shortcut** [ショートカット]	
ちから 力	**power** [パウア]	

ちきゅう 地球	**the earth** [ズィ アース]	
ちきゅうおんだんか 地球温暖化	**global warming** [グローバル ウォーミング]	
チケット	**ticket** [ティケット]	
ちこくする 遅刻する	**be late** [ビー レイト] Don't **be late** for school. [ドウント ビー レイト フォア スクール] 学校に遅刻しないで。	
ちず 地図	**map** [マップ]	
ちちのひ 父の日	**Father's Day** [ファーザァズ デイ]	
ちへいせん 地平線	**horizon** [ホライズン]	
ちゃ 茶	**tea** (☆紅茶 こうちゃ), **green tea** (☆緑茶 りょくちゃ) [ティー] [グリーン ティー]	
チャーハン	**fried rice** [フライド ライス]	
チャイム	**chime** [チャイム]	
ちゃいろ(の) 茶色(の)	**brown** [ブラウン] a **brown** sweater [ア ブラウン スウェタァ] 茶色のセーター	
チャンネル	**channel** [チャヌル]	

チャンピオン	**champion** [チャンピオン]	
ちゅういぶかく 注意深く	**carefully** [ケアフリィ] Please drive carefully. [プリーズ ドゥライヴ ケアフリィ] 注意して運転してください。 ▶ **careful** 注意深い [ケアフル] Be careful! 気をつけて！ [ビー ケアフル]	
ちゅうがっこう 中学校	**junior high school** [ジューニャァ ハイ スクール]	
ちゅうごくご 中国語	**Chinese** [チャイニーズ]	
ちゅうこの 中古の	**used, secondhand** [ユーズド] [セカンドハンド] a used car 中古車 [ア ユーズド カー]	
ちゅうしゃじょう 駐車場	**parking lot** [パーキング ロット]	
ちゅうしょく 昼食	**lunch** [ランチ]	
ちゅうしん 中心	**center** [センタァ]	
ちゅうもんする 注文する	**order** [オーダァ] I ordered a pizza. [アイ オーダァド ア ピーツァ] わたしはピザを注文しました。	

チューリップ	**tulip** [テューリップ]
ちょう	**butterfly** [バタフライ]
ちょうじょう 頂上	**top** [トップ]
ちょうしょく 朝食	**breakfast** [ブレックファスト] I eat bread for breakfast. [アイ イート ブレッド フォア ブレックファスト] わたしは朝食にパンを食べます。
ちょうど	**just** [ジャスト]
ちょうほうけい 長方形	**rectangle** [レクタングル]
チョーク	**chalk** [チョーク]
ちょきんする 貯金する	**save** [セイヴ] Save your money. [セイヴ ユア マニィ] 貯金しなさい。
チョコレート	**chocolate** [チョーコレット]
ちりがみ ちり紙	**tissue** [ティシュー]
ちりとり ちり取り	**dustpan** [ダストパン]
チンパンジー	**chimpanzee** [チンパンズィー]

つ

ついていく		**follow** [フォロウ]	

Please follow me.
[プリーズ　フォロウ　ミー]
わたしについてきてください。

つうしんぼ　通信簿　　**report card**
[リポート　　カード]

つえ　　**walking stick**
[ウォーキング　スティック]

つかう　使う　　**use**
[ユーズ]

Use this dictionary.　この辞書を使いなさい。
[ユーズ　ズィス　ディクショネリィ]

spend（☆金や時間を）
[スペンド]

Don't spend so much money.
[ドゥント　スペンド　ソウ　マッチ　マニィ]
そんなにたくさんのお金を使ってはいけません。

つかまえる　捕まえる　　**catch**
[キャッチ]

Catch that cat!　あのねこをつかまえて！
[キャッチ　ザット　キャット]

つかれている　疲れている　　**be tired**
[ビー　タイアド]

I am tired.　わたしはつかれています。
[アイ　アム　タイアド]

つき¹　月　　**the moon**（☆天体）
[ザ　ムーン]

つき² 月	**month** (☆暦の) [マンス] **next month** 来月 [ネクスト　マンス]
つぎの 次の	**next** [ネクスト] the **next** station 次の駅 [ザ　ネクスト　ステイション]
つくえ 机	**desk** [デスク]
つくる 作る	**make** [メイク] Let's **make** a cake. ケーキをつくりましょう。 [レッツ　メイク　ア　ケイク]
つけもの 漬物	**pickle** [ピクル]
つける	**turn on** [ターン　オン] **Turn on** the light, please. [ターン　オン　ザ　ライト　プリーズ] あかりをつけてください。
つち 土	**earth, soil** [アース]　[ソイル]
つつじ	**azalea** [アゼイリア]
つつむ 包む	**wrap** [ラップ] Please **wrap** the box in paper. [プリーズ　ラップ　ザ　ボックス　イン　ペイパァ] その箱を紙でつつんでください。

つなひき 綱引き	**tug of war** [タッグ オヴ ウォーァ]	
つの 角	**horn** [ホーン]	
つばき	**camellia** [カミーリア]	
つばさ 翼	**wing** [ウィング]	
つばめ	**swallow** [スワロウ]	
つばをはく	**spit** [スピット] Don't spit here. ここでつばをはかないで。 [ドウント スピット ヒア]	
つぼみ	**bud** [バッド]	
つま 妻	**wife** [ワイフ]	
つまらない	**boring** [ボーリング] a boring book つまらない本 [ア ボーリング ブック]	
つみき 積み木	**(building) blocks** [ビルディング ブロックス]	
つめ	**nail** [ネイル]	
つめたい 冷たい	**cold** [コウルド] cold water つめたい水 [コウルド ウォータァ]	

つゆ 梅雨	**the rainy season** [ザ　レイニィ　スィーズン]
つよい 強い	**strong** [ストゥローング]
	a **strong** wind　強い風 [ア ストゥローング ウィンド]
つらら	**icicle** [アイスィクル]
つり¹	**change** (☆つり銭) [チェインジ]
	Here is the **change**.　はい、おつりです。 [ヒア　イズ　ザ　チェインジ]
つり² 釣り	**fishing** (☆魚つり) [フィシング]
	My father's hobby is **fishing**. [マイ ファーザァズ ホビィ イズ フィシング] わたしの父の趣味はつりです。
つる¹	**vine** [ヴァイン]
つる² 鶴	**crane** [クレイン]

て

て 手	**hand** [ハンド]
ティーシャツ Tシャツ	**T-shirt** [ティーシャート]
ていきけん 定期券	**commuter pass** [コミュータァ　パス]

ていねいな 丁寧な	**polite** [ポライト]	
	a **polite** letter ていねいな手紙 [ア ポライト レタァ]	
ていりゅうじょ 停留所	**(bus) stop** (☆バスの停留所) [バス ストップ]	
テープ	**tape** [テイプ]	
テーブル	**table** [テイブル]	
てがみ 手紙	**letter** [レタァ]	
てき 敵	**enemy** [エネミィ]	
〜できる	**can** 〜 [キャン]	
	I **can** swim. わたしは泳げます。 [アイ キャン スウィム]	
でぐち 出口	**exit** [エグズィット]	
デザート	**dessert** [ディザート]	
てじな 手品	**magic trick** [マジック トゥリック]	
テスト	**test** [テスト]	
てちょう 手帳	**notebook** [ノウトブック]	
てつ 鉄	**iron** [アイアン]	

てつだう 手伝う	**help** [ヘルプ] Help your mother. [ヘルプ ユア マザァ] お母さんを手伝いなさい。	
てつぼう 鉄棒	**horizontal bar** [ホーリゾントゥル バー]	
テニス	**tennis** [テニス]	
てのひら 手のひら	**palm** [パーム]	
デパート	**department store** [ディパートメント ストーア]	
てぶくろ 手袋	**gloves** [グラヴズ]	
てら 寺	**temple** [テンプル]	
テレビ	**TV, television** [ティーヴィー] [テレヴィジョン]	
てわたす 手渡す	**hand** [ハンド] Please hand this book to him. [プリーズ ハンド ズィス ブック トゥ ヒム] 彼にこの本を手わたしてください。	
てんき 天気	**weather** [ウェザァ]	
▶	**weather report** 天気予報 [ウェザァ リポート]	
でんき 伝記	**biography** [バイオグラフィ]	

でんきゅう　電球	light bulb [ライト　バルブ]
てんごく　天国	heaven [ヘヴン]
てんし　天使	angel [エインジェル]
でんしゃ　電車	train [トゥレイン]
てんじょう　天井	ceiling [スィーリング]
でんしレンジ　電子レンジ	microwave (oven) [マイクロウェイヴ　アヴン]
でんち　電池	battery [バテリィ]
テント	tent [テント]
てんとうむし	ladybug [レイディバッグ]
てんのうせい　天王星	Uranus [ユアラナス]
てんらんかい　展覧会	exhibition, show [エクスィビション] [ショウ]
でんわ　電話	telephone, phone [テレフォウン] [フォウン]

▶ **phone number** 電話番号(でんわばんごう)
[フォウン　ナンバァ]

▶ **call** 電話(でんわ)をかける
[コール]

I'll call you tomorrow.　あした電話(でんわ)します。
[アイル　コール　ユー　トゥモロウ]

と

ドア	**door** [ドーァ]
トイレ	**bathroom** (☆個人の住宅などの) [バスルーム]
	restroom (☆公共の建物などの) [レストルーム]
とう　塔	**tower** [タウア]
とうがらし	**red pepper** [レッド　ペパァ]
どうきゅうせい　同級生	**classmate** [クラスメイト]
どうぐ　道具	**tool** [トゥール]
とうだい　灯台	**lighthouse** [ライトハウス]
とうちゃくする　到着する	**arrive** [アライヴ]

He will arrive at Narita tomorrow.
[ヒー　ウィル　アライヴ　アット　ナリタ　トゥモロウ]
彼はあす成田に到着するでしょう。

どうぶつ　動物	**animal** [アニマル]
どうぶつえん　動物園	**zoo** [ズー]
とうもろこし	**corn** [コーン]

とおくに 遠くに	**far** [ファー]
	Don't go too far. あまり遠くに行かないで。 [ドウント ゴウ トゥー ファー]
ドーナツ	**donut, doughnut** [ドゥナット] [ドゥナット]
とおり 通り	**street** [ストゥリート]
とおる 通る	**pass** [パス]
	We passed by a beautiful lake. [ウィー パスト バイ ア ビューティフル レイク] わたしたちは美しい湖のそばを通りました。
とかげ	**lizard** [リザァド]
ときどき	**sometimes** [サムタイムズ]
	We sometimes play tennis. [ウィー サムタイムズ プレイ テニス] わたしたちはときどきテニスをします。
どく 毒	**poison** [ポイズン]
とくてん 得点	**score** [スコーァ]
とげ	**thorn** [ソーン]
とけい 時計	**clock** (☆置き時計など) [クロック]
	watch (☆腕時計など) [ワッチ]

どこに	**where** [ホウェア] **Where are you going?** [ホウェア アー ユー ゴウイング] どこに行くのですか。	
とこや　床屋	**barbershop**（☆店）, **barber**（☆人） [バーバショップ]　　　　　[バーバァ]	
とし¹　年	**year** [イア]	
	age（☆年齢） [エイジ]	
とし²　都市	**city** [スィティ]	
としとった　年とった	**old** [オウルド] **an old cat** 年とったねこ [アン オウルド キャット]	
としょかん　図書館	**library** [ライブレリィ]	
とじる　閉じる	**close, shut** [クロウズ]　[シャット] **Close your textbooks, please.** [クロウズ ユア テクストブックス プリーズ] 教科書をとじてください。	
どせい　土星	**Saturn** [サタァン]	
とっきゅう　特急	**limited express (train)** [リミティッド イクスプレス トゥレイン]	
ドッジボール	**dodge ball** [ドッジ ボール]	

どて　土手	**bank** ［ バンク ］
とても	**very**　(☆形容詞や副詞にたいして) ［ ヴェリィ ］ I am **very** sad. ［アイ アム　ヴェリィ　サッド］ わたしはとても悲しい。 **very much**　(☆動詞にたいして) ［ ヴェリィ　　マッチ ］ I like dogs **very much**. ［アイ ライク ドーグズ　ヴェリィ　マッチ］ わたしはとても犬が好きです。
トナカイ	**reindeer** ［ レインディア ］
となりの　隣の	**next** ［ ネクスト ］ the **next** town　となりの町 ［ ザ　ネクスト　タウン ］
とびうお	**flying fish** ［ フライイング　フィッシュ ］
とびこむ　飛びこむ	**dive** ［ ダイヴ ］ Don't **dive** into the pool. ［ドウント　ダイヴ イントゥ ザ　　プール］ プールに飛びこまないで。
とぶ[1]　飛ぶ	**fly** ［ フライ ］ A bird is **flying** in the sky. ［ア　バード イズ フライイング イン　ザ　スカイ］ 鳥が空を飛んでいます。

とぶ² 跳ぶ	**jump** [ジャンプ] Jump over the fence. [ジャンプ オウヴァ ザ フェンス] 柵をとびこえろ。	
トマト	**tomato** [トメイトゥ]	
とまる¹ 止まる	**stop** [ストップ] Don't stop suddenly. 急にとまらないで。 [ドウント ストップ サドゥンリィ]	
とまる² 泊まる	**stay** [ステイ] I will stay at the hotel. [アイ ウィル ステイ アット ザ ホウテル] わたしはそのホテルに泊まります。	
ともだち 友達	**friend** [フレンド]	
とら	**tiger** [タイガァ]	
ドライブ	**drive** [ドゥライヴ]	
ドライヤー	**hairdryer** [ヘアドゥライア]	
トラック	**truck** [トゥラック]	
ドラム	**drum** [ドゥラム] ▶ **drummer** ドラマー [ドゥラマァ]	

と

トランプ（あそび） トランプ（遊び）	**cards**　(☆「1枚のトランプ札」は a card) ［　カーズ　］	
	Let's play cards.　トランプ（遊び）をしよう。 ［レッツ　プレイ　カーズ　］	
トランペット	**trumpet** ［トゥランペット］	
とり　鳥	**bird** ［バード］	
とりかご　鳥かご	**cage** ［ケイジ］	
どりょく　努力	**effort** ［エファト］	
ドレス	**dress** ［ドゥレス］	
どろ　泥	**mud** ［マッド］	
トロフィー	**trophy** ［トゥロウフィ］	
どろぼう　泥棒	**thief** ［スィーフ］	
とんかつ	**pork cutlet** ［ポーク　カットレット］	
どんぐり	**acorn** ［エイコーン］	
トンネル	**tunnel** ［タヌル］	
どんぶり	**bowl** ［ボウル］	
とんぼ	**dragonfly** ［ドゥラゴンフライ］	

な

ナイフ		**knife** [ナイフ]
なおす 直す		**repair, fix** [リペア] [フィックス] Please repair my shoes. [プリーズ リペア マイ シューズ] わたしのくつをなおしてください。
なおる 治る		**get well** [ゲット ウェル] She will get well soon. [シー ウィル ゲット ウェル スーン] 彼女はすぐになおるでしょう。
ながい 長い		**long** [ローング] a girl with long hair [ア ガール ウィズ ローング ヘア] 長い髪の女の子
ながぐつ 長靴		**boots** [ブーツ]
ながし 流し		**sink** [スィンク]
ながれぼし 流れ星		**shooting star** [シューティング スター]
ながれる 流れる		**flow** [フロウ] This river flows into Tokyo Bay. [ズィス リヴァ フロウズ イントゥ トーキョー ベイ] この川は東京湾に流れこんでいます。

な

なく¹　泣く

cry
[クライ]

Don't cry.　泣かないで。
[ドウント　クライ]

なく²　鳴く

sing
[スィング]

Birds are singing.　鳥が鳴いています。
[バーズ　アー　スィンギング]

なくす　無くす

lose
[ルーズ]

Don't lose your key.　かぎをなくさないで。
[ドウント　ルーズ　ユア　キー]

なぐる　殴る

hit, strike
[ヒット]　[ストゥライク]

Did you hit the boy?
[ディド　ユー　ヒット　ザ　ボイ]
きみがその少年をなぐったのかい。

なげる　投げる

throw
[スロウ]

Please throw the ball to me.
[プリーズ　スロウ　ザ　ボール　トゥ　ミー]
そのボールをわたしに投げてください。

なし　梨

Japanese pear　(☆pearは西洋なし)
[ジャパニーズ　ペア]

なす

eggplant
[エッグプラント]

なぜ

why
[ホワイ]

Why are you late?　なぜおくれたのですか。
[ホワイ　アー　ユー　レイト]

なぞ	**mystery** [ミステリィ]	
なぞなぞ	**riddle** [リドゥル]	
なつ　夏	**summer** [サマァ]	
なつやすみ　夏休み	**summer vacation** [サマァ　ヴェイケイション]	
なに　何	**what** [ホワット] **What is this?**　これは何ですか。 [ホワット　イズ　ズィス]	
なふだ　名札	**name card** [ネイム　カード] **name tag** (☆荷物などにつける) [ネイム　タグ]	
なべ	**pan** (☆浅い片手なべ) [パン] **pot** (☆深い両手なべ) [ポット]	
なまえ　名前	**name** (☆名前全体) [ネイム] **first name** (☆名字に対する名前) [ファースト　ネイム]	
なまず	**catfish** [キャットフィッシュ]	
なまの　生の	**raw** [ロー] **raw fish**　生魚 [ロー　フィッシュ]	

123

なみ 波	**wave** [ウェイヴ]
	The waves are high. 波が高い。 [ザ ウェイヴズ アー ハイ]

なみだ 涙	**tear** [ティア]

なめる	**lick** [リック]
	Lick this ice cream. [リック ズィス アイス クリーム]
	このアイスクリームをなめてごらん。

なやむ 悩む	**worry** [ワーリィ]
	Don't worry so much. [ドウント ワーリィ ソウ マッチ]
	そんなになやまないで。

ならう 習う	**learn** [ラーン]
	We learn English at school. [ウィー ラーン イングリッシュ アット スクール]
	わたしたちは学校で英語をならいます。

なわ 縄	**rope** [ロウプ]

なわとびをする 縄跳びをする	**jump rope** [ジャンプ ロウプ]
	Let's jump rope together. [レッツ ジャンプ ロウプ トゥゲザァ]
	いっしょになわとびをしましょう。

なんきょく 南極	**the South Pole** [ザ サウス ポウル]

に

にいさん　兄さん	**big brother** [ビッグ　ブラザァ]	
におい	**smell** [スメル] a sweet **smell**　いいにおい [ア　スウィート　スメル]	
にがい　苦い	**bitter** [ビタァ] **bitter** chocolate　にがいチョコレート [ビタァ　チョーコレット]	
にく　肉	**meat** [ミート] ▶ **beef** 牛肉, **pork** ぶた肉 [ビーフ]　　　[ポーク] **chicken** 鶏肉 [チキン]	
にげる　逃げる	**run away** [ラン　アウェイ] The thief **ran away.**　どろぼうは逃げました。 [ザ　スィーフ　ラン　アウェイ]	
にし　西	**west** [ウェスト]	
にじ　虹	**rainbow** [レインボウ]	
にっき　日記	**diary** [ダイアリィ]	
にっぽん　日本	**Japan** [ジャパン]	

125

にている　似ている	**look like** [ルック　ライク]	
	You look like your mother. [ユー　ルック　ライク　ユア　マザァ] あなたはお母さんに似ています。	
にほんご　日本語	**Japanese** [ジャパニーズ]	
にもつ　荷物	**baggage** [バゲッジ]	
にゅうがくしき　入学式	**entrance ceremony** [エントゥランス　セレモウニィ]	
にゅうがくする　入学する	**enter** [エンタァ]	
	I will enter junior high school in April. [アイ　ウィル　エンタァ　ジューニャァ　ハイ　スクール　イン　エイプリル] わたしは4月に中学校に入学します。	
ニュース	**news** [ニューズ]	
にる　煮る	**boil** [ボイル]	
	Let's boil potatoes. [レッツ　ボイル　ポテイトウズ]　じゃがいもを煮ましょう。	
にわ　庭	**yard** [ヤード]	
	garden （☆特に草花の植えてある庭） [ガードゥン]	
にわとり　鶏	**chicken** [チキン]	
	rooster （☆おんどり）, **hen** （☆めんどり） [ルースタァ]　　　　　　　　　[ヘン]	

にんきのある 人気のある	**popular** [ポピュラァ]
	a popular sport 人気のあるスポーツ [ア ポピュラァ スポート]
にんぎょ 人魚	**mermaid** [マーメイド]
にんぎょう 人形	**doll** [ドル]
にんげん 人間	**human being** [ヒューマン ビーイング]
にんじん	**carrot** [キャロット]

ぬ

ぬいぐるみの〜	**stuffed 〜** [スタッフト]
	a stuffed bear [ア スタッフト ベア] くまのぬいぐるみ
ぬう 縫う	**sew** [ソウ]
	Please sew on the button. [プリーズ ソウ オン ザ バトゥン] ボタンをぬいつけてください。
ぬぐ 脱ぐ	**take off** [テイク オーフ]
	Please take off your cap. [プリーズ テイク オーフ ユア キャップ] ぼうしをぬいでください。

127

ぬすむ　盗む	**steal** [スティール]	

I didn't **steal** the money.
［アイ　ディドゥント　スティール　ザ　　　マニィ　］
ぼくはその金をぬすんではいません。

ぬの　布	**cloth** [クロース]	
	▶ **tablecloth**　テーブルクロス [　　テイブルクロース　]	
ぬる　塗る	**paint**　(☆ペンキをぬる) [　ペイント　]	

I will **paint** the wall.
［アイ　ウィル　ペイント　ザ　　ウォール］
わたしがかべにペンキをぬります。

spread　(☆広げてぬる)
[　スプレッド　]

Spread some butter, please.
[　スプレッド　　サム　　　バタァ　　　　プリーズ　]
バターをぬってください。

ぬれている	**wet** [ウェット]	

wet hair　ぬれた髪
[ウェット　ヘア]

ね

ね　根	**root** [　ルート　]	
ねえさん　姉さん	**big sister** [　ビッグ　　スィスタァ　]	

ねがい　願い	**wish** [ウィッシュ] Your wish will come true. [ユア　ウィッシュ　ウィル　カム　トゥルー] あなたの願いはかなうでしょう。
ネクタイ	**tie** [タイ]
ねこ　猫	**cat** [キャット]
ねじ	**screw** [スクルー]
ねずみ	**rat**（☆大型のねずみ）**, mouse**（☆はつかねずみ） [ラット]　　　　　　　　　　[マウス]
ねだん　値段	**price** [プライス]
ねつ[1]　熱	**heat** [ヒート] the heat of the sun　太陽の熱 [ザ　ヒート　オヴ　ザ　サン]
ねつ[2]　熱	**fever**（☆病気の熱） [フィーヴァ] I have a fever.　わたしは熱があります。 [アイ　ハヴ　ア　フィーヴァ]
ねっしんに　熱心に	**hard** [ハード] Study hard. [スタディ　ハード] 熱心に勉強しなさい。
ねったいぎょ 　熱帯魚	**tropical fish** [トゥロピカル　フィッシュ]

ねまき 寝巻き	**nightclothes** [ナイトクロウズ]	
	pajamas（☆パジャマ） [パジャーマズ]	
ねむい 眠い	**sleepy** [スリーピィ]	
	I am sleepy. わたしはねむい。 [アイ アム スリーピィ]	
ねむる 眠る	**sleep** [スリープ]	
	He is sleeping now. [ヒー イズ スリーピング ナウ] 彼（かれ）はいまねむっています。	
ねる 寝る	**go to bed** [ゴウ トゥ ベッド]	
	Go to bed now. もうねなさい。 [ゴウ トゥ ベッド ナウ]	
ねんがじょう 年賀状	**New Year's card** [ニュー イアズ カード]	
ねんど 粘土	**clay** [クレイ]	

の

のうか 農家	**farmhouse** [ファームハウス]	
▶	**farmer** 農家の人、農業従事者 [ファーマァ]	
ノート	**notebook** [ノウトブック]	

のこぎり	**saw** [ソー]	
のぞむ　望む	**hope** [ホウプ]	

I hope you will get well soon.
[アイ ホウプ ユー ウィル ゲット ウェル スーン]
あなたがすぐによくなることをのぞみます。

ノックする	**knock** [ノック]	

Please knock on the door.
[プリーズ ノック オン ザ ドーァ]
ドアをノックしてください。

のど	**throat** [スロウト]	
のどがかわいた	**thirsty** [サースティ]	

I'm very thirsty.
[アイム ヴェリィ サースティ]
ぼくはとてものどがかわいた。

のはら　野原	**field** [フィールド]	
のぼる[1]	**go up** [ゴウ アップ]	

Go up the stairs.　階段(かいだん)をのぼりなさい。
[ゴウ アップ ザ ステアズ]

rise (☆太陽(たいよう)や月などが)
[ライズ]

The sun will rise soon.
[ザ サン ウィル ライズ スーン]
まもなく太陽(たいよう)がのぼるでしょう。

のぼる²	**climb** [クライム]
	Let's climb that tree. あの木にのぼろう。 [レッツ　クライム　ザット　トゥリー]

のみ	**flea** [フリー]

のむ　飲む	**drink** [ドゥリンク]
	I drink milk every day. [アイ ドゥリンク ミルク　エヴリィ　デイ] わたしは毎日牛乳をのみます。

のり	**paste, glue** [ペイスト]　[グルー]

のりかえる　乗りかえる	**change (trains)** [チェインジ　トゥレインズ]
	Change trains at Nagoya. [チェインジ　トゥレインズ アット　ナゴヤ] 名古屋で（電車を）乗りかえなさい。
	Change to the Shinkansen at Ueno. [チェインジ　トゥ　ザ　シンカンセン　アット　ウエノ] 上野で新幹線に乗りかえなさい。

のる　乗る	**get on** (☆電車、バスなどに) [ゲット　オン]
	Get on that train. あの電車に乗りなさい。 [ゲット　オン　ザット　トゥレイン]
	ride (☆馬、自転車などに) [ライド]
	Can you ride a bicycle? [キャン　ユー　ライド　ア　バイスィクル] あなたは自転車に乗れますか。

は

は¹	刃	**blade** [ブレイド]
は²	歯	**tooth** (☆1本), **teeth** (☆2本以上) [トゥース]　[ティース]
は³	葉	**leaf** [リーフ]
パーティー		**party** [パーティ]　Let's have a party! パーティーをしましょう！ [レッツ　ハヴ　ア　パーティ]
ハーモニカ		**harmonica** [ハーモニカ]
パイ		**pie** [パイ]
はいいろ(の)	灰色(の)	**gray** [グレイ]　a gray rabbit はい色のうさぎ [ア　グレイ　ラビット]
バイオリン		**violin** [ヴァイオリン]
ハイキング		**hiking** [ハイキング]
はいしゃ	歯医者	**dentist** [デンティスト]
パイナップル		**pineapple** [パイナプル]
はいゆう	俳優	**actor** (☆俳優、男優), **actress** (☆女優) [アクタァ]　[アクトゥレス]

は

はいる　入る	**go in** (☆外から見て)
	[ゴウ　イン]
	Don't go in. （中に）はいるな。
	[ドウント　ゴウ　イン]
	come in (☆内から見て)
	[カム　イン]
	Please come in.
	[プリーズ　カム　イン]
	どうぞおはいりください。
	join (☆参加する)
	[ジョイン]
	I will join the tennis club.
	[アイ　ウィル　ジョイン　ザ　テニス　クラブ]
	わたしはテニス部にはいります。
パイロット	**pilot**
	[パイロット]
はえ	**fly**
	[フライ]
はか　墓	**grave**
	[グレイヴ]
はがき　葉書	**postcard**
	[ポウストカード]
はかせ　博士	**doctor, Dr.** (☆略語)
	[ドクタァ]　　[ドクタァ]
	Dr. Einstein アインシュタイン博士
	[ドクタァ　アインスタイン]
ばかな	**stupid**
	[ステューピッド]
	a stupid idea ばかな考え
	[ア　ステューピッド　アイディーア]

134

はかる	**measure** (☆長さ、大きさなどを) [メジャァ] **Measure** the length of this rope. [メジャァ ザ レンクス オヴ ズィス ロウプ] このロープの長さをはかりなさい。	
	weigh (☆重さなどを) [ウェイ] **Weigh** the box. [ウェイ ザ ボックス] その箱の重さをはかって。	
はく¹ 掃く	**sweep** [スウィープ] **Sweep** the floor. 床をはきなさい。 [スウィープ ザ フローァ]	
はく² 履く	**put on** [プット オン] **Put on** your shoes. [プット オン ユア シューズ] くつをはきなさい。	
はくさい 白菜	**Chinese cabbage** [チャイニーズ キャベッジ]	
はくしゅする 拍手する	**clap** [クラップ] **Clap** your hands, please. [クラップ ユア ハンズ プリーズ] 拍手してください。	
はくちょう 白鳥	**swan** [スワン]	
はくぶつかん 博物館	**museum** [ミューズィーアム]	

バケツ		**bucket** [バケット]
はこ 箱		**box** [ボックス]
はこぶ 運ぶ		**carry** [キャリィ]
		Please carry this box. [プリーズ キャリィ ズィス ボックス] この箱をはこんでください。
はさみ		**scissors** [スィザァズ]
はし¹ 箸		**chopsticks** [チョップスティックス]
はし² 橋		**bridge** [ブリッジ]
はしご		**ladder** [ラダァ]
はじまる 始まる		**begin, start** [ビギン] [スタート]
		School begins at eight o'clock. [スクール ビギンズ アット エイト オクロック] 学校は8時にはじまります。
ばしゃ 馬車		**carriage** [キャリッジ]
パジャマ		**pajamas** [パジャーマズ]
ばしょ 場所		**place** [プレイス]
はしら 柱		**post, pillar** [ポウスト] [ピラァ]

はしりたかとび 走り高跳び	**high jump** [ハイ　　ジャンプ]	
はしりはばとび 走り幅跳び	**long jump** [ローング　ジャンプ]	
はしる　走る	**run** [ラン] He **runs** fast. [ヒー　ランズ　ファスト] 彼ははやく走ります。	
バス	**bus** [バス] I go to school by **bus**. [アイ ゴウ トゥ　スクール　バイ　バス] わたしはバスで学校へ通っています。	
バスケットボール	**basketball** [　　バスケットボール　　]	
パスポート	**passport** [　　パスポート　　]	
パズル	**puzzle** [　　パズル　　]	
パソコン	**computer** [　　コンピュータァ　　]	
はた　旗	**flag** [フラッグ]	
はだ　肌	**skin** [スキン]	
バター	**butter** [バタァ]	
はたけ　畑	**field** [フィールド]	

137

はだしで　裸足で	**barefoot** [ベアフット]	

Don't walk barefoot.
[ドウント　ウォーク　ベアフット]
はだしで歩いてはいけない。

| はたらく　働く | **work** [ワーク] |

She works at the hospital.
[シー　ワークス　アット　ザ　ホスピトゥル]
彼女は病院で働いています。

はち	**bee** (☆みつばち) [ビー]
	wasp (☆すずめばち) [ワスプ]
はちみつ	**honey** [ハニィ]
はっけんする 発見する	**discover** [ディスカヴァ]

He discovered a new star.
[ヒー　ディスカヴァド　ア　ニュー　スター]
彼は新しい星を発見しました。

ばった	**grasshopper** [グラスホッパァ]
バット	**bat** [バット]
はつめいする 発明する	**invent** [インヴェント]

Bell invented the telephone.
[ベル　インヴェンティッド　ザ　テレフォウン]
ベルは電話を発明しました。

は

	▶	**inventor** 発明家（はつめいか） ［ インヴェンタァ ］
はと		**pigeon, dove** （☆小型（こがた）のもの） ［ ピジョン ］　［ ダヴ ］
パトカー		**police car** ［ ポリース　カー ］
バドミントン		**badminton** ［ バドミントン ］
はな¹　花		**flower** ［ フラウア ］
はな²　鼻		**nose** ［ ノウズ ］
はなし　話		**story** ［ ストーリィ ］
はなす　話す		**speak** ［ スピーク ］ You speak Japanese very well. ［ユー　スピーク　ジャパニーズ　ヴェリィ　ウェル］ あなたはとてもじょうずに日本語（にほんご）を話（はな）しますね。
		talk ［ トーク ］ Let's talk about it.　それについて話（はな）しましょう。 ［レッツ　トーク　アバウト　イット］
		tell ［ テル ］ You must tell the truth. ［ユー　マスト　テル　ザ　トゥルース］ あなたは本当（ほんとう）のことを話（はな）さなくてはならない。
バナナ		**banana** ［ バナナ ］

はなび　花火	**fireworks** [ファイアワークス]	
	a **fireworks** display [ア　ファイアワークス　ディスプレイ] 花火大会	
はなむこ　花婿	**bridegroom** [ブライドグルーム]	
はなや　花屋	**flower shop** (☆店), **florist** (☆人) [フラウア　ショップ]　[フローリスト]	
はなよめ　花嫁	**bride** [ブライド]	
はね　羽・羽根	**feather** [フェザァ]	
ばね	**spring** [スプリング]	
ははのひ　母の日	**Mother's Day** [マザァズ　デイ]	
はブラシ　歯ブラシ	**toothbrush** [トゥースブラッシュ]	
▶	**toothpaste** ねり歯みがき [トゥースペイスト]	
はまべ　浜辺	**beach** [ビーチ]	
ハム	**ham** [ハム]	
はやく・はやい¹ 早く・早い	**early** [アーリィ]	
	I get up **early** every morning. [アイ ゲット アップ アーリィ　エヴリィ　モーニング] わたしは毎朝はやく起きます。	

はやく・はやい² 速く・速い	**fast** [ファスト] He can swim very fast. [ヒー キャン スウィム ヴェリィ ファスト] 彼はとてもはやく泳げます。	
	quick (☆動作がすばやい) [クウィック] Be quick! はやくしなさい。 [ビー クウィック]	
はやし 林	**woods** [ウッズ]	
はら 腹	**stomach** [スタマック]	
ばら	**rose** [ロウズ]	
はり 針	**needle** [ニードゥル]	
はる 春	**spring** [スプリング]	
バレエ	**ballet** [バレイ]	
パレード	**parade** [パレイド]	
バレーボール	**volleyball** [ヴァリィボール]	
はれの 晴れの	**sunny, fine** [サニィ] [ファイン] It's sunny today. [イッツ サニィ トゥデイ] きょうは晴れです。	

は

バレンタインデー	**(St.) Valentine's Day** [セイント ヴァレンタインズ デイ]
ハロウィーン	**Halloween** [ハロウィーン]
ばん　晩	**evening** (☆ねるころまで) [イーヴニング]
	night (☆夜が明けるまで) [ナイト]
パン	**bread** [ブレッド]
ハンカチ	**handkerchief** [ハンカチフ]
ばんぐみ　番組	**program** [プログラム]
	a TV program テレビ番組 [ア ティーヴィー プログラム]
パンケーキ	**pancake** [パンケイク]
ばんごはん　晩御飯	**supper** [サパァ]
	dinner (☆1日のうちでいちばん主要な食事) [ディナァ]
パンダ	**panda** [パンダ]
パンツ	**underpants** (☆下着。男性用) [アンダパンツ]
	panties (☆下着。女性用) [パンティズ]
ハンドバッグ	**bag, handbag, purse** [バッグ] [ハンドバッグ] [パース]

ハンドル	**(steering) wheel** (☆自動車の) [スティアリング　ホウィール] **handlebars** (☆自転車の) [ハンドゥルバーズ]
ハンバーガー	**hamburger** [ハンバーガァ]
ハンバーグ	**hamburger (steak)** [ハンバーガァ　ステイク]
はんぶん　半分	**half** [ハフ]
パンや　パン屋	**bakery** (☆店), **baker** (☆人) [ベイカリィ]　[ベイカァ]

ひ

ひ¹　日	**day** [デイ]
ひ²　火	**fire** [ファイア]
ピアノ	**piano** [ピアノウ] ▸ **pianist**　ピアニスト [ピアニスト]
ピーナッツ	**peanut** [ピーナット]
ピーマン	**green pepper** [グリーン　ペパァ]
ひかげ　日陰	**shade** [シェイド]

ひがし	東	**east** [イースト]
ひかり	光	**light** [ライト]
ひかる	光る	**shine** [シャイン]

The sun is **shining**.
[ザ　サン　イズ　シャイニング]
太陽がひかりかがやいています。

ひきだし	引き出し	**drawer** [ドゥローァ]
ひきわけ	引き分け	**draw** [ドゥロー]
ひく[1]	引く	**pull** [プル]

Don't **pull** my hair. 髪をひっぱらないで。
[ドウント　プル　マイ　ヘア]

ひく[2]	弾く	**play** [プレイ]

Please **play** the piano.
[プリーズ　プレイ　ザ　ピアノウ]
ピアノをひいてください。

ひくい	低い	**low** [ロウ]

a **low** building　ひくい建物
[ア　ロウ　ビルディング]

ピクニック		**picnic** [ピクニック]
ひげ		**mustache** (☆口ひげ) [マスタッシュ]

	beard (☆あごひげ) [ビアド]	
ひこうき 飛行機	**airplane, plane** [エアプレイン] [プレイン]	
ひこうせん 飛行船	**airship** [エアシップ]	
ひざ	**knee** [ニー]	
ピザ	**pizza** [ピーツァ]	
ひじ	**elbow** [エルボウ]	
びじゅつかん 美術館	**art museum** [アート ミューズィーアム]	
ひだりに・ひだりの 左に・左の	**left** [レフト]	
	Turn left over there. あそこを左にまがりなさい。 [ターン レフト オウヴァ ゼア]	
びっくりする	**be surprised** [ビー サプライズド]	
	I was surprised at the news. [アイ ワズ サプライズト アット ザ ニューズ] わたしはそのニュースにびっくりしました。	
ひづけ 日付	**date** [デイト]	
ひっこす 引っ越す	**move** [ムーヴ]	
	We will move to Osaka next month. [ウィー ウィル ムーヴ トゥ オーサカ ネクスト マンス] わたしたちは来月大阪にひっこします。	

ひ

ひつじ　羊	**sheep** [シープ]	
ひつようとする 必要とする	**need** [ニード] I need your help. [アイ ニード　ユア　ヘルプ] わたしはあなたのたすけを必要としています。	
ひと　人	**person** [パースン]	
	▶ **people** 人びと [ピープル]	
ひとりで　一人で	**alone** [アロウン] Did you come alone? [ディド　ユー　カム　アロウン] あなたはひとりで来たのですか。	
ひのいり　日の入り	**sunset** [サンセット]	
ひので　日の出	**sunrise** [サンライズ]	
ひばり	**lark, skylark** [ラーク]　[スカイラーク]	
ひまな	**free** [フリー] Are you free now?　あなたはいま、ひまですか。 [アー　ユー　フリー　ナウ]	
ひまわり	**sunflower** [サンフラウア]	
ひみつ　秘密	**secret** [スィークレット]	

ひも		**string, cord** (☆太いひも) [ストゥリング] [コード]
ひゃっかじてん 百科事典		**encyclopedia** [インサイクロピーディア]
びよういん 美容院		**beauty shop, beauty parlor** [ビューティ ショップ] [ビューティ パーラァ]
びょういん 病院		**hospital** [ホスピトゥル]
びょうきで 病気で		**sick** [スィック] **She is sick in bed.** [シー イズ スィック イン ベッド] 彼女は病気でねています。
びようし 美容師		**hairdresser** [ヘアドゥレサァ]
ひょうしき 標識		**sign** [サイン]
ひよこ		**chick** [チック]
ひらく 開く		**open** [オウプン] **Open your textbooks.** [オウプン ユア テクストブックス] 教科書をひらきなさい。
ひる 昼		**day** [デイ]
ひるごはん 昼御飯		**lunch** [ランチ]
ひるね 昼寝		**nap** [ナップ]

ひるま　昼間	**daytime** [デイタイム]	
	I'm busy in the **daytime**. [アイ ビズィ イン ザ デイタイム] わたしは昼間(ひるま)はいそがしい。	
ひろい　広い	**large** (☆面積(めんせき)が) [ラージ]	
	a **large** room　広い部屋(ひろ へや) [ア ラージ ルーム]	
	wide (☆はばが) [ワイド]	
	a **wide** street　広い通り(ひろ とお) [ア ワイド ストゥリート]	
ひろう　拾う	**pick up** [ピック アップ]	
	I **picked up** a shell. [アイ ピックト アップ ア シェル] わたしは貝(かい)がらをひろいました。	
ひろば　広場	**square, plaza** [スクウェア] [プラーザ]	
びん　瓶	**bottle** [ボトゥル]	
ピンクいろ(の) ピンク色(の)	**pink** [ピンク]	
	a **pink** dress　ピンク色(いろ)のドレス [ア ピンク ドゥレス]	
びんぼうな　貧乏な	**poor** [プア]	
	They are **poor**.　彼(かれ)らはびんぼうです。 [ゼイ アー プア]	

ふ

ファッション・デザイナー	**fashion designer** [ファション　ディザイナァ]	
フィルム	**film** [フィルム]	
ふうけい　風景	**landscape** [ランドスケイプ]	
ふうせん　風船	**balloon** [バルーン]	
ふうとう　封筒	**envelope** [エンヴェロウプ]	
プール	**(swimming) pool** [スウィミング　プール]	
フォーク	**fork** [フォーク]	
ふかい　深い	**deep** [ディープ] a **deep** hole [ア　ディープ　ホウル] 深いあな	
ふく　吹く	**blow** [ブロウ] The wind is **blowing** hard. [ザ　ウィンド　イズ　ブロウイング　ハード] 風が強くふいている。	
ふぐ	**globefish** [グロウブフィッシュ]	
ふくろう	**owl** [アウル]	

ふしぎな 不思議な	**mysterious** [ミスティアリアス]
	a mysterious dream [ア ミスティアリアス ドゥリーム] ふしぎな夢
ふた	**lid** (☆箱などの) [リッド]
	cap (☆びんなどの) [キャップ]
ぶた 豚	**pig** [ピッグ]
ふたご 双子	**twins** (☆ひとりは twin) [トゥウィンズ]
ぶつ	**hit** [ヒット]
	Don't hit me. わたしをぶたないで。 [ドウント ヒット ミー]
ふでばこ 筆箱	**pencil case** [ペンスル ケイス]
ふとい 太い	**thick** [スィック]
	a thick rope ふといロープ [ア スィック ロウプ]
ぶどう	**grape** [グレイプ]
ふとっている 太っている	**fat** [ファット]
	My cat is very fat. [マイ キャット イズ ヴェリィ ファット] わたしのねこはとてもふとっています。

日本語	English	カタカナ
ふね　船	**ship**	[シップ]
ふぶき　吹雪	**snowstorm**	[スノウストーム]
ふへいをいう　不平を言う	**complain**	[コンプレイン]
	Don't **complain**. 不平を言うな。	[ドウント　コンプレイン]
ふみきり　踏み切り	**railroad crossing**	[レイルロウド　クロースィング]
ふゆ　冬	**winter**	[ウィンタァ]
フライドチキン	**fried chicken**	[フライド　チキン]
フライドポテト	**French fries**	[フレンチ　フライズ]
フライパン	**frying pan**	[フライイング　パン]
ブラウス	**blouse**	[ブラウス]
ブラシ	**brush**	[ブラッシュ]
ブラスバンド	**brass band**	[ブラス　バンド]
プラットホーム	**platform**	[プラットフォーム]
ぶらんこ	**swing**	[スウィング]
フランスご　フランス語	**French**	[フレンチ]

151

ふりむく 振り向く	**turn around** [ターン アラウンド] **He turned around** and looked at me. [ヒー ターンド アラウンド アンド ルックト アット ミー] 彼は振り向いてわたしを見ました。	
プリン	**pudding** [プディング]	
ふる 振る	**shake** [シェイク] **Shake** the bottle well. [シェイク ザ ボトゥル ウェル] びんをよくふりなさい。	
ふるい 古い	**old** [オウルド] an **old** house 古い家 [アン オウルド ハウス]	
フルート	**flute** [フルート]	
ふるさと	**hometown** [ホウムタウン]	
ブルドーザー	**bulldozer** [ブルドウザァ]	
ふるほんや 古本屋	**a secondhand bookstore** [ア セカンドハンド ブックストーア]	
ブレーキ	**brake** [ブレイク]	
プレゼント	**present** [プレゼント] a birthday **present** 誕生日プレゼント [ア バースデイ プレゼント]	

ふろ	**bath** (☆入浴), **bathtub** (☆浴槽) [バス]　　　　[バスタブ]	
	Take a bath before supper. [テイク ア バス ビフォーア サパァ] 夕食の前におふろにはいりなさい。	
ブローチ	**brooch** [ブロウチ]	
プロの	**professional** [プロフェッショナル]	
	professional baseball　プロ野球 [プロフェッショナル　ベイスボール]	
ぶん　文	**sentence** [センテンス]	
	Read the sentence.　その文を読みなさい。 [リード　ザ　センテンス]	
ふんすい　噴水	**fountain** [ファウンテン]	
ぶんぼうぐ　文房具	**stationery** [ステイショネリィ]	

へ

へい　塀	**fence, wall** [フェンス]　[ウォール]
へいじつ　平日	**weekday** [ウィークデイ]
へいたい　兵隊	**soldier** [ソウルジャァ]
へいわ　平和	**peace** [ピース]

日本語	English	読み
ベーコン	bacon	[ベイコン]
ページ	page	[ペイジ]
ベスト	vest	[ヴェスト]
へそ	navel	[ネイヴル]
ベッド	bed	[ベッド]
ペット	pet	[ペット]

Do you have a pet? ペットを飼っていますか。
[ドゥ ユー ハヴ ア ペット]

日本語	English	読み
ペットボトル	plastic bottle	[プラスティック ボトゥル]
ヘッドホン	headphones	[ヘッドフォウンズ]
へび 蛇	snake	[スネイク]
へや 部屋	room	[ルーム]
ヘリコプター	helicopter	[ヘリコプタァ]
ぺろぺろキャンディー	lollipop	[ロリポップ]
ペン	pen	[ペン]
ペンキ	paint	[ペイント]

べんきょうする 勉強する	**study** [スタディ] I usually study before dinner. [アイ ユージュアリィ スタディ ビフォーア ディナァ] わたしはふつう夕食の前に勉強します。
ペンギン	**penguin** [ペングウィン]
べんごし　弁護士	**lawyer** [ローヤァ]
へんじをする 返事をする	**answer** [アンサァ] You must answer his letter. [ユー マスト アンサァ ヒズ レタァ] あなたは彼の手紙に返事をださなくてはいけません。
ベンチ	**bench** [ベンチ]
べんとう　弁当	**box lunch** [ボックス ランチ]

ほ

ほいくえん　保育園	**nursery school, preschool** [ナーサリィ スクール]　[プリースクール]
ぼうえんきょう 望遠鏡	**telescope** [テレスコウプ]
ほうかご（に） 放課後（に）	**after school** [アフタァ スクール] We play tennis after school. [ウィー プレイ テニス アフタァ スクール] わたしたちは放課後にテニスをします。

ほうき		**broom** [ブルーム]
ぼうけん	冒険	**adventure** [アドヴェンチャァ]
ほうこう	方向	**direction** [ディレクション]
ぼうし	帽子	**cap** (☆ふちのない帽子) [キャップ]
		hat (☆ふちのある帽子) [ハット]
ほうせき	宝石	**jewel** [ジューエル]
ほうたい	包帯	**bandage** [バンデッジ]
ほうちょう	包丁	**kitchen knife** [キチン ナイフ]
ほうもんする 訪問する		**visit** [ヴィズィット] **I often visit my aunt.** [アイ オーフン ヴィズィット マイ アント] わたしはよくおばさんを訪問します。
ボウリング		**bowling** [ボウリング]
ほうれんそう		**spinach** [スピニッチ]
ほえる		**bark, howl** (☆遠ぼえする) [バーク] [ハウル] **The dog barked at me.** [ザ ドーグ バークト アット ミー] その犬はわたしにむかってほえました。

ほお	cheek	[チーク]
ホース	hose	[ホウズ]
ボート	rowboat (☆手こぎのボート)	[ロウボウト]
ボール	ball	[ボール]
	a soccer ball　サッカーボール	[ア　サカァ　ボール]
ボールペン	ball-point pen	[ボールポイント　ペン]
ボクシング	boxing	[ボクスィング]
ほくろ	mole	[モウル]
ポケット	pocket	[ポケット]
ほけんしつ　保健室	nurse's office, sickroom	[ナースィズ　オーフィス]　[スィックルーム]
ほこり	dust	[ダスト]
ほし　星	star	[スター]
ほしい　欲しい	want	[ワント]
	I want a camera.　わたしはカメラがほしい。	[アイ ワント ア　キャメラ]
ほしぶどう	raisin	[レイズン]

日本語	英語	発音
ポスター	poster	[ポウスタァ]
ポスト	mailbox	[メイルボックス]
ほそい　細い	thin	[スィン]
	a thin rope　細いなわ	[ア　スィン　ロウプ]
ほたる　蛍	firefly	[ファイアフライ]
ボタン	button	[バトゥン]
ほっきょく　北極	the North Pole	[ザ　ノース　ポウル]
ほっきょくせい　北極星	the North Star, Polaris	[ザ　ノース　スター]　[ポラリス]
ホッチキス	stapler	[ステイプラァ]
ホットケーキ	pancake	[パンケイク]
ホットドッグ	hot dog	[ホット　ドーグ]
ポップコーン	popcorn	[ポップコーン]
ポテトチップ	potato chips	[ポテイトウ　チップス]
ホテル	hotel	[ホウテル]
ほね　骨	bone	[ボウン]

ほ

ほほえむ　ほほ笑む	**smile** [スマイル]	
	She smiled at me. [シー　スマイルド　アット　ミー] 彼女はわたしにむかってほほえみました。	
ほめる　褒める	**praise** [プレイズ]	
	He praised his son. [ヒー　プレイズド　ヒズ　サン] 彼は息子をほめました。	
ほらあな　洞穴	**cave** [ケイヴ]	
ほる　掘る	**dig** [ディッグ]	
	Dig a hole here.　ここにあなをほりなさい。 [ディッグ ア　ホウル　ヒア]	
ほん　本	**book** [ブック]	
ほんだな　本棚	**bookshelf** [ブックシェルフ]	
ほんとうの　本当の	**true** [トゥルー]	
	a true story　本当のはなし [ア　トゥルー　ストーリィ]	
ほんものの　本物の	**real** [リーアル]	
	a real diamond　本物のダイヤモンド [ア　リーアル　ダイアモンド]	
ほんや　本屋	**bookstore** [ブックストーア]	

ま

マーガリン	**margarine** [マージャリン]	
マイク	**microphone** [マイクロフォウン]	
まいごになる 迷子になる	**be lost** [ビー ロースト] I was lost in the woods. [アイ ワズ ローストイン ザ ウッズ] わたしは森の中でまいごになりました。	
まいにち　毎日	**every day** (☆ every は「毎～」の意味) [エヴリィ デイ] I take a bath every day. [アイ テイク ア バス エヴリィ デイ] わたしは毎日おふろにはいります。	
まがる　曲がる	**turn** [ターン] Turn right. [ターン ライト] 右にまがりなさい。	
まくら	**pillow** [ピロウ]	
まぐろ	**tuna** [テューナ]	
まける　負ける	**lose** [ルーズ] We can't lose the game. [ウィー キャント ルーズ ザ ゲイム] わたしたちはその試合には負けられない。	

まげる　曲げる	**bend** [ベンド]	
まご　孫	**grandchild, grandson** (☆孫息子) [グランチャイルド] [グランサン]	
	granddaughter (☆孫娘) [グランドータァ]	
まじめな	**serious** [スィアリアス]	
	Be **serious**.　まじめにしなさい。 [ビー　スィアリアス]	
まじょ　魔女	**witch** [ウィッチ]	
マスク	**mask** [マスク]	
まぜる　混ぜる	**mix** [ミックス]	
	Mix the milk and flour well. [ミックス　ザ　ミルク　アンド　フラウア　ウェル] 牛乳と小麦粉をよくまぜなさい。	
まち　町	**town** [タウン]	
まちがい　間違い	**mistake** [ミステイク]	
	I made four **mistakes** in the test. [アイ　メイド　フォーァ　ミステイクス　イン　ザ　テスト] わたしはテストで４つまちがえました。	
まちがった　間違った	**wrong** [ローング]	
	a **wrong** answer　まちがった答え [ア　ローング　アンサァ]	

161

まつ¹ 松	**pine (tree)**　[パイン　トゥリー]	
まつ² 待つ	**wait**　[ウェイト] **Wait** a minute.　ちょっと待ってください。 [ウェイト　ア　ミニット]	
まつげ　まつ毛	**eyelashes**　[アイラッシズ]	
まっすぐに 真っすぐに	**straight**　[ストゥレイト] Go **straight**.　まっすぐに進みなさい。 [ゴウ　ストゥレイト]	
マッチ	**match**　[マッチ]	
まつり　祭り	**festival**　[フェスティヴァル]	
まど　窓	**window**　[ウィンドウ]	
まないた　まな板	**cutting board**　[カティング　ボード]	
まなぶ　学ぶ	**learn, study**　[ラーン]　[スタディ] We can **learn** from our mistakes. [ウィー　キャン　ラーン　フロム　アウア　ミステイクス] わたしたちは失敗から学ぶことができます。	
まねく　招く	**invite**　[インヴァイト] Let's **invite** him to our party. [レッツ　インヴァイト　ヒム　トゥ　アウア　パーティ] 彼をパーティーにまねきましょう。	

ま

まねる	**copy, imitate** [コピィ] [イミテイト] **I can copy him.** [アイ キャン コピィ ヒム] ぼくは彼をまねることができる。
まぶた	**eyelid** [アイリッド]
マフラー	**scarf** [スカーフ]
まほう　魔法	**magic, witchcraft** (☆魔女の) [マジック] [ウィッチクラフト]
まほうつかい　魔法使い	**wizard** (☆男の魔法使い) [ウィザァド] **witch** (☆女の魔法使い。魔女) [ウィッチ]
まめ　豆	**bean** [ビーン]
まもる　守る	**defend** [ディフェンド] **We must defend our country.** [ウィー マスト ディフェンド アウア カントゥリィ] わたしたちは自分の国をまもらなくてはならない。 **keep** (☆約束などを) [キープ] **Keep your promise.** [キープ ユア プロミス]　約束をまもりなさい。
まゆげ　まゆ毛	**eyebrow** [アイブラウ]
まよなか　真夜中	**midnight** [ミッドナイト]

マヨネーズ	**mayonnaise** [メイオネイズ]
マラソン	**marathon** [マラソン]
まるい　丸い	**round** [ラウンド] **a round table** [ア ラウンド テイブル] まるいテーブル
まわる　回る	**go around** [ゴウ アラウンド] **The moon goes around the earth.** [ザ ムーン ゴウズ アラウンド ズィ アース] 月は地球のまわりをまわっています。
まんがか　漫画家	**cartoonist** [カートゥーニスト]
まんがぼん　漫画本	**comic book** [コミック ブック]
まんげつ　満月	**full moon** [フル ムーン]
マンション	**apartment** [アパートメント] **We live in an apartment.** [ウィー リヴ イン アン アパートメント] わたしたちはマンションに住んでいます。

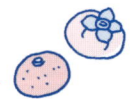

み

| み　実 | **fruit, nut** (☆木の実) [フルート] [ナット] |

みがく　磨く	**polish** ［ポリッシュ］ Polish your shoes.　くつをみがきなさい。 ［ポリッシュ　ユア　シューズ］ **brush**（☆歯を） ［ブラッシュ］ Brush your teeth well. ［ブラッシュ　ユア　ティース　ウェル］ 歯をよくみがきなさい。
みかづき　三日月	**crescent moon** ［クレスント　　ムーン］
みぎに・みぎの 　右に・右の	**right** ［ライト］ Turn right at that corner. ［ターン　ライト　アット　ザット　コーナァ］ あの角を右にまがりなさい。
みじかい　短い	**short** ［ショート］ a short story　短い物語 ［ア　ショート　ストーリィ］
ミシン	**sewing machine** ［ソウイング　　マシーン］
みず　水	**water** ［ウォータァ］
みずうみ　湖	**lake** ［レイク］
みずぎ　水着	**swimsuit**（☆全身の水着。おもに女性用） ［スウィムスート］ **swimming trunks**（☆男性の水泳パンツ） ［スウィミング　　トゥランクス］

165

みせ　店	**store, shop**　(☆shopは小さな専門店など) [ストーア]　[ショップ]	
みせる　見せる	**show** [ショウ]	
	Please **show** me your hands. [プリーズ　ショウ　ミー　ユア　ハンズ] あなたの両手を見せてください。	
みそしる	**miso soup** [ミーソウ　スープ]	
みぞれ	**sleet** [スリート]	
みち　道	**road, street**　(☆街路) [ロウド]　[ストゥリート]	
	the main **road**　幹線道路 [ザ　メイン　ロウド]	
	way　(☆目的地に行くための道) [ウェイ]	
	the **way** to the station　駅へ行く道 [ザ　ウェイ　トゥ　ザ　ステイション]	
みつける　見つける	**find** [ファインド]	
	I can't **find** my key. [アイ　キャント　ファインド　マイ　キー] かぎが見つかりません。	
みどりいろ(の) 緑色(の)	**green** [グリーン]	
	a **green** jacket　緑色の上着 [ア　グリーン　ジャケット]	
みなと　港	**harbor, port** [ハーバァ]　[ポート]	

みなみ 南	**south** [サウス]
みみ 耳	**ear** [イア]
みみず	**earthworm** [アースワーム]
みやげ	**souvenir** [スーヴェニア]
みょうじ 名字	**family name, last name** [ファミリィ ネイム] [ラスト ネイム]
みらい 未来	**future** [フューチャァ]
みる 見る	**see** (☆自然に見える) [スィー] You can see Mt. Fuji from here. [ユー キャン スィー マウント フジ フロム ヒア] ここから富士山が見えます。 **look** (☆注意して見る) [ルック] Look at the blackboard. 黒板を見なさい。 [ルック アット ザ ブラックボード] **watch** (☆じっと見る) [ワッチ] I watch TV after dinner. [アイ ワッチ ティーヴィー アフタァ ディナァ] わたしは夕食の後テレビを見ます。
みんな	**everyone, everybody** [エヴリワン] [エヴリバディ] Good morning, everyone. おはよう、みなさん。 [グッド モーニング エヴリワン]

167

む

むぎわらぼうし 麦わら帽子	**straw hat** [ストゥロー　ハット]	
むし　虫	**bug** [バッグ]	
	insect（☆昆虫）, **worm**（☆足のない虫） [インセクト]　　　　[ワーム]	
むしば　虫歯	**cavity, bad tooth** [キャヴィティ]　[バッド　トゥース]	
	I have a cavity. [アイ　ハヴ　ア　キャヴィティ] わたしは虫歯が（1本）あります。	
むしめがね　虫眼鏡	**magnifying glass** [マグニファイイング　　グラス]	
むずかしい　難しい	**difficult, hard** [ディフィカルト]　[ハード]	
	a difficult question　むずかしい問題 [ア　ディフィカルト　クウェスチョン]	
むすこ　息子	**son** [サン]	
むすぶ　結ぶ	**tie** [タイ]	
	Tie your shoelaces. [タイ　ユア　シューレイスィズ] くつのひもをむすびなさい。	
むすめ　娘	**daughter** [ドータァ]	
むね　胸	**chest, breast** [チェスト]　[ブレスト]	

168

むら 村	**village** [ヴィレッジ]	

むらさきいろ（の） 紫色（の）	**purple** [パープル]
	a **purple** dress　むらさき色のドレス [ア　パープル　ドゥレス]
	violet (☆すみれ色の、青むらさきの) [ヴァイオレット]
	a **violet** rose　すみれ色のばら [ア ヴァイオレット ロウズ]

むりょうの　無料の	**free** [フリー]
	This concert is **free**. [ズィス　コンサァト　イズ　フリー] このコンサートは無料です。

め

め¹　目	**eye** [アイ]
	He has blue **eyes**.　彼は青い目をしている。 [ヒー　ハズ　ブルー　アイズ]
め²　芽	**sprout** [スプラウト]
めいれい　命令	**order** [オーダァ]
めいろ　迷路	**maze** [メイズ]
めがね　眼鏡	**glasses** [グラスィズ]

めざましどけい 目覚まし時計	**alarm clock** [アラーム　クロック]	
めざめる 目覚める	**wake** [ウェイク]	
	Wake up! 起きなさい。 [ウェイク　アップ]	
めすの 雌の	**female** [フィーメイル]	
	a female deer めすのしか [ア　フィーメイル　ディア]	
めずらしい 珍しい	**rare** [レア]	
	a rare stamp めずらしい切手 [ア　レア　スタンプ]	
めだまやき 目玉焼き	**fried egg** [フライド　エッグ]	
メダル	**medal** [メドゥル]	
	a gold 〔silver, bronze〕 medal [ア　ゴウルド　スィルヴァ　ブロンズ　メドゥル] 金〔銀、銅〕メダル	
メロン	**melon** [メロン]	

も

もういちど もう一度	**again** [アゲン]
	Let's try again. もう一度やってみましょう。 [レッツ　トゥライ　アゲン]

もうふ　毛布	**blanket** [ブランケト]	
もえる　燃える	**burn** [バーン]	

Something is burning.
[サムスィング　イズ　バーニング]
何かがもえています。

もくせい　木星	**Jupiter** [ジュービタァ]	
もぐら	**mole** [モウル]	
もじ　文字	**letter** (☆アルファベット、かななど) [レタァ]	

There are 26 letters in the alphabet.
[ゼア　アー　トゥウェンティ　スィックス　レタァズ　イン　ズィ　アルファベット]
アルファベットは26文字あります。

character (☆漢字など)
[キャラクタァ]

もっきん　木琴	**xylophone** [ザイロフォウン]	
もっている　持っている	**have, hold** [ハヴ]　[ホウルド]	

What do you have in your hands?
[ホワット　ドゥ　ユー　ハヴ　イン　ユア　ハンズ]
あなたは手に何をもっているのですか。

have (☆所有している)
[ハヴ]

I have two computers.
[アイ　ハヴ　トゥー　コンピュータァズ]
わたしはコンピュータを2台もっています。

モップ		**mop** [モップ]
もの	物	**thing** [スィング]
		I have a lot of things in my bag. [アイ ハヴ ア ロット オヴ スィングズ イン マイ バッグ] わたしはかばんの中にたくさんのものをもっています。
ものおき	物置	**closet, shed** (☆物置小屋) [クロゼット] [シェッド]
ものがたり	物語	**story** [ストーリィ]
		an exciting story わくわくする物語 [アン イクサイティング ストーリィ]
もみじ	紅葉	**maple** [メイプル]
もも¹		**thigh** [サイ]
もも²	桃	**peach** [ピーチ]
もよう	模様	**pattern, design** [パタァン] [ディザイン]
もり	森	**woods** (☆小さな)**, forest** (☆大きく深い) [ウッズ] [フォーレスト]
もん	門	**gate** [ゲイト]
もんだい	問題	**question, problem** [クウェスチョン] [プロブレム]
		I can't answer this question. [アイ キャント アンサァ ズィス クウェスチョン] わたしにはこの問題はとけません。

や

や	矢	**arrow** [アロウ]
やかん		**kettle** [ケトゥル]
やぎ		**goat** [ゴウト]
やきゅう	野球	**baseball** [ベイスボール]
やく	焼く	**bake** [ベイク]

Let's **bake** an apple pie.
[レッツ　ベイク　アン　アプル　パイ]
アップルパイをやきましょう。

やくそく	約束	**promise** [プロミス]
やくだつ	役立つ	**useful** [ユースフル]

useful tools　役に立つ道具
[ユースフル　トゥールズ]

やけど		**burn** [バーン]
やさい	野菜	**vegetable** [ヴェジタブル]
やさしい[1]	易しい	**easy, simple** [イーズィ]　[スィンプル]

an **easy** question
[アン　イーズィ　クウェスチョン]
やさしい問題

やさしい² 優しい	**kind, nice** [カインド] [ナイス] a kind person やさしい人 [ア カインド パースン] **gentle** (☆おだやかな) [ジェントゥル] a gentle voice やさしい声 [ア ジェントゥル ヴォイス]
やすい 安い	**cheap, inexpensive** [チープ] [イニクスペンスィヴ] This dress is cheap. このドレスは安い。 [ズィス ドゥレス イズ チープ]
やすみじかん 休み時間	**recess** (☆小学校などの) [リセス] a ten-minute recess 10分間の休み時間 [ア テンミニット リセス]
やすむ 休む	**take a rest** [テイク ア レスト] Let's take a rest. [レッツ テイク ア レスト] ひと休みしましょう。
やせいの 野生の	**wild** [ワイルド] wild animals 野生動物 [ワイルド アニマルズ]
やせている	**thin** [スィン] My dog is very thin. [マイ ドーグ イズ ヴェリィ スィン] わたしの犬はとてもやせています。

やたい　屋台	**stall** [ストール]	
	a food stall [ア　フード　ストール] 食べ物の屋台	
やっきょく　薬局	**pharmacy, drugstore** [ファーマスィ]　[ドゥラッグストーア]	
やなぎ　柳	**willow** [ウィロウ]	
やね　屋根	**roof** [ルーフ]	
やま　山	**mountain** [マウンテン]	
やめる　止める	**stop** [ストップ]	
	Stop talking. [ストップ　トーキング] 話すのをやめなさい。	
やわらかい　柔らかい	**soft** [ソフト]	
	a soft bed [ア　ソフト　ベッド] やわらかいベッド	

ゆ

ゆ　湯	**hot water** [ホット　ウォータァ]	
ゆうえんち　遊園地	**amusement park** [アミューズメント　パーク]	
ゆうがた　夕方	**evening** [イーヴニング]	

ゆうかんな　勇敢な	**brave** [ブレイヴ] a **brave** man 勇敢な男 [ア　ブレイヴ　マン]
ゆうき　勇気	**courage** [カーレッジ]
ゆうしょう　優勝	**victory** [ヴィクトリィ]
ゆうしょく　夕食	**supper** [サパァ] **dinner** (☆1日のうちでいちばん主要な食事) [ディナァ]
ゆうだち　夕立	**shower** [シャウア]
ゆうびんきょく　郵便局	**post office** [ポウスト　オーフィス]
ゆうめいな　有名な	**famous** [フェイマス] a **famous** singer 有名な歌手 [ア　フェイマス　スィンガァ]
ゆうれい　幽霊	**ghost** [ゴウスト]
ゆか　床	**floor** [フローァ]
ゆき　雪	**snow** [スノウ]
ゆきがっせん　雪合戦	**snowball fight** [スノウボール　ファイト]
ゆきだるま　雪だるま	**snowman** [スノウマン]

ゆっくりと	**slowly** [スロウリィ]	

Walk more slowly. もっとゆっくり歩いて。
[ウォーク　モーア　スロウリィ]

ゆでたまご　ゆで卵	**boiled egg** [ボイルド　エッグ]	
ゆでる	**boil** [ボイル]	

Boil the eggs for five minutes.
[ボイル　ズィ　エッグズ　フォア　ファイヴ　ミニッツ]
卵を5分間ゆでてください。

ユニホーム	**uniform** [ユーニフォーム]

the team uniform　チームのユニホーム
[ザ　ティーム　ユーニフォーム]

ゆび　指	**finger** (☆手の指), **thumb** (☆親指) [フィンガァ]　　　　　[サム]
	toe (☆足の指) [トウ]
ゆびわ　指輪	**ring** [リング]
ゆみ　弓	**bow** [ボウ]
ゆめ　夢	**dream** [ドゥリーム]

My dream is to be an astronaut.
[マイ　ドゥリーム　イズ　トゥ　ビー　アン　アストゥロノート]
わたしの夢は宇宙飛行士になることです。

ゆり	**lily** [リリィ]

ゆ

よ

よあけ 夜明け
dawn
[ドーン]

よい 良い
good
[グッド]

a good student よい生徒
[ア グッド ステューデント]

よういのできた 用意のできた
ready
[レディ]

Are you ready? 用意はできましたか。
[アー ユー レディ]

ようせい 妖精
fairy
[フェアリィ]

ようちえん 幼稚園
kindergarten
[キンダガードゥン]（☆[キンダガートゥン]と発音されることもある）

ようふく 洋服
clothes
[クロウズ]

ヨーグルト
yogurt
[ヨウガァト]

ヨーヨー
yo-yo
[ヨウヨウ]

よく
well
[ウェル]

Sleep well. よくねむりなさい。
[スリープ ウェル]

よくばりな 欲張りな
greedy
[グリーディ]

Don't be greedy. よくばってはいけません。
[ドウント ビー グリーディ]

178

よごれた　汚れた	**dirty** [ダーティ]
	dirty hands　よごれた手 [ダーティ　ハンズ]

ヨット	**yacht** [ヤット]

よぶ　呼ぶ	**call** [コール]
	Someone is **calling** you. [サムワン　イズ　コーリング　ユー] だれかがあなたをよんでいます。

よむ　読む	**read** [リード]
	I **read** a lot of books. [アイ　リード　ア　ロット　オヴ　ブックス] わたしはたくさん本を読みます。

よる　夜	**night** [ナイト]
	I study at **night**. [アイ　スタディ　アット　ナイト] わたしは夜に勉強します。

よろこぶ　喜ぶ	**be glad** [ビー　グラッド]
	She was **glad** at the news. [シー　ワズ　グラッド　アット　ザ　ニューズ] 彼女はその知らせを聞いて喜びました。

よわい　弱い	**weak** [ウィーク]
	a **weak** team　弱いチーム [ア　ウィーク　ティーム]

よ

ら

ラーメン	**Chinese noodles** [チャイニーズ　ヌードゥルズ]	
ライオン	**lion** [ライオン]	
らくがき　落書き	**graffiti** [グラフィーティ]	
らくだ	**camel** [キャメル]	
ラグビー	**rugby** [ラグビィ]	
ラケット	**racket** [ラケット]	
ラジオ	**radio** [レイディオウ]	
ラッコ	**sea otter** [スィー　オタァ]	

り

りか　理科	**science** [サイエンス]
	My favorite subject is science. [マイ　フェイヴァリット　サブジェクト　イズ　サイエンス] わたしの好きな科目は理科です。
りく　陸	**land** [ランド]
りくじょうきょうぎ　陸上競技	**track and field** [トゥラック　アンド　フィールド]

りこうな　利口な	**smart, bright, clever**　[スマート]　[ブライト]　[クレヴァ] **My dog is smart.**　わたしの犬はりこうです。 [マイ　ドーグ　イズ　スマート]
りす	**squirrel**　[スクワーレル]
リズム	**rhythm**　[リズム]
りっぽうたい　立方体	**cube**　[キューブ]
リボン	**ribbon**　[リボン]
リモコン	**remote control**　[リモウト　コントゥロウル]
りゆう　理由	**reason**　[リーズン]
りゅう　竜	**dragon**　[ドゥラゴン]
りゅうこう　流行	**fashion**　[ファション]
リュックサック	**backpack**　[バックパック]
りょうきん　料金	**fare**　(☆乗り物の)　[フェア] **the bus fare**　バス料金 [ザ　バス　フェア]
りょうし[1]　猟師	**hunter**　[ハンタァ]
りょうし[2]　漁師	**fisherman**　[フィシャマン]

りょうしん　両親	**parents** [ペアレンツ]
りょうほうの　両方の	**both** [ボウス]
	both hands 両方の手 [ボウス　ハンズ]
りょうりする　料理する	**cook** [クック]
	Let's cook together. [レッツ　クック　トゥゲザァ] いっしょに料理をしましょう。
▶	**cooking** 料理 [クキング]
りょうりにん　料理人	**cook, chef** [クック]　[シェフ]
りょこう　旅行	**travel**（☆旅行をあらわすもっとも一般的な語） [トゥラヴェル]
	trip（☆短い旅行）**, tour**（☆周遊旅行） [トゥリップ]　　　　　　　[トゥア]
リレーきょうそう　リレー競走	**relay race** [リーレイ　レイス]
りんご	**apple** [アプル]

る

ルール	**rule** [ルール]
	the rules of the game ゲームのルール [ザ　ルールズ　オヴ　ザ　ゲイム]

れ

れいぞうこ	冷蔵庫	**refrigerator, fridge** [リフリジェレイタァ] [フリッジ]
レーサー		**racing driver** [レイスィング ドゥライヴァ]
レール		**rail** [レイル]
レーンコート		**raincoat** [レインコウト]
れきし	歴史	**history** [ヒストリィ] **Japanese history** 日本の歴史 [ジャパニーズ ヒストリィ]
レストラン		**restaurant** [レストラント]
レスリング		**wrestling** [レスリング]
レタス		**lettuce** [レタス]
れつ	列	**line, row** (☆横の列) [ライン] [ロウ] **Please wait in line.** 列にならんでお待ちください。 [プリーズ ウェイト イン ライン]
レモン		**lemon** [レモン]
れんが		**brick** [ブリック] **a brick house** れんがの家 [ア ブリック ハウス]

れんしゅうする 練習する	**practice** [プラクティス] **I practice** the piano every day. [アイ プラクティス ザ ピアノウ エヴリィ デイ] わたしは毎日ピアノの練習をします。	
レンズ	**lens** [レンズ] a contact **lens** （1枚の）コンタクトレンズ [ア コンタクト レンズ]	
レントゲン	**X-ray** [エックスレイ]	

ろ

ろうか　廊下	**hall, hallway** [ホール]　[ホールウェイ]	
ろうそく	**candle** [キャンドゥル]	
ロープ	**rope** [ロウプ]	
ロープウェー	**ropeway** [ロウプウェイ]	
ローラースケート	**roller skating** [ロウラァ スケイティング]	
ロケット	**rocket** [ロケット]	
ろば	**donkey** [ドンキィ]	
ロボット	**robot** [ロウボット]	

わ

ワイン	**wine** (☆ぶどう酒) [ワイン]	
わかい 若い	**young** [ヤング] **young** people 若い人たち [ヤング ピープル]	
わがままな	**selfish** [セルフィッシュ] a **selfish** boy わがままな少年 [ア セルフィッシュ ボイ]	
わかる 分かる	**understand, see** [アンダスタンド] [スィー] Do you **understand** me? [ドゥ ユー アンダスタンド ミー] わたしの言うことがわかりますか。	
わくせい 惑星	**planet** [プラネット] ▶ **satellite** 衛星（☆惑星のまわりをまわる天体） [サテライト]	
わくわくする	**be excited** [ビー イクサイティッド] I'm so **excited**. [アイム ソウ イクサイティッド] わたし、すごくわくわくするわ。	
わゴム 輪ゴム	**rubber band** [ラバァ バンド]	
わし	**eagle** [イーグル]	

わすれる	忘れる	**forget** [フォゲット]

Don't forget your umbrella.
[ドウント　フォゲット　ユア　アンブレラ]
かさを忘れないで。

わた	綿	**cotton** [コトゥン]
わたがし	綿菓子	**cotton candy** [コトゥン　キャンディ]
わたす	渡す	**pass** [パス]

Pass me the salt, please.
[パス　ミー　ザ　ソールト　プリーズ]
お塩をとってください。

わたる	渡る	**cross** [クロース]

Let's cross the street.
[レッツ　クロース　ザ　ストゥリート]
通りをわたりましょう。

ワッフル		**waffle** [ワフル]
わに		**alligator** (☆北アメリカの、中国の) [アリゲイタァ]
		crocodile (☆熱帯の) [クロコダイル]
わらう	笑う	**laugh** [ラフ]

Everyone laughed at his joke.
[エヴリワン　ラフト　アット　ヒズ　ジョウク]
彼の冗談にみんながわらいました。

わる　割る	**break** [ブレイク] Don't break the window. [ドウント　ブレイク　ザ　ウィンドウ] 窓(まど)ガラスをわらないでね。
わるい　悪い	**bad** [バッド] bad news　悪(わる)いニュース [バッド　ニューズ]
わんぱくな　腕白な	**naughty** [ノーティ] a naughty boy　わんぱくな少年(しょうねん) [ア　ノーティ　ボイ]

わ

数

0	zero [ズィーロウ]	21	twenty-one [トゥウェンティ ワン]
1	one [ワン]	22	twenty-two [トゥウェンティ トゥー]
2	two [トゥー]	23	twenty-three [トゥウェンティ スリー]
3	three [スリー]	24	twenty-four [トゥウェンティ フォーァ]
4	four [フォーァ]	25	twenty-five [トゥウェンティ ファイヴ]
5	five [ファイヴ]	26	twenty-six [トゥウェンティ スィックス]
6	six [スィックス]	27	twenty-seven [トゥウェンティ セヴン]
7	seven [セヴン]	28	twenty-eight [トゥウェンティ エイト]
8	eight [エイト]	29	twenty-nine [トゥウェンティ ナイン]
9	nine [ナイン]	30	thirty [サーティ]
10	ten [テン]	40	forty [フォーティ]
11	eleven [イレヴン]	50	fifty [フィフティ]
12	twelve [トゥウェルヴ]	60	sixty [スィクスティ]
13	thirteen [サーティーン]	70	seventy [セヴンティ]
14	fourteen [フォーティーン]	80	eighty [エイティ]
15	fifteen [フィフティーン]	90	ninety [ナインティ]
16	sixteen [スィックスティーン]	100	one hundred [ワン ハンドゥレッド]
17	seventeen [セヴンティーン]		
18	eighteen [エイティーン]		
19	nineteen [ナインティーン]		
20	twenty [トゥウェンティ]		

順番をあらわす数

1番目	first [ファースト]
2番目	second [セカンド]
3番目	third [サード]
4番目	fourth [フォース]
5番目	fifth [フィフス]
6番目	sixth [スィックスス]
7番目	seventh [セヴンス]
8番目	eighth [エイトゥス]
9番目	ninth [ナインス]
10番目	tenth [テンス]
11番目	eleventh [イレヴンス]
12番目	twelfth [トゥウェルフス]
13番目	thirteenth [サーティーンス]
14番目	fourteenth [フォーティーンス]
15番目	fifteenth [フィフティーンス]
16番目	sixteenth [スィックスティーンス]
17番目	seventeenth [セヴンティーンス]
18番目	eighteenth [エイティーンス]
19番目	nineteenth [ナインティーンス]
20番目	twentieth [トゥウェンティエス]
21番目	twenty-first [トゥウェンティ ファースト]

月

1月	**January**	[ジャニュアリィ]
2月	**February**	[フェブルエリィ]
3月	**March**	[マーチ]
4月	**April**	[エイプリル]
5月	**May**	[メイ]
6月	**June**	[ジューン]
7月	**July**	[ジュライ]
8月	**August**	[オーガスト]
9月	**September**	[セプテンバァ]
10月	**October**	[オクトウバァ]
11月	**November**	[ノウヴェンバァ]
12月	**December**	[ディセンバァ]

単位

長さ	センチメートル (cm)	**centimeter**	[センティミータァ]
	メートル (m)	**meter**	[ミータァ]
	キロメートル (km)	**kilometer**	[キロミータァ]
重さ	グラム (g)	**gram**	[グラム]
	キログラム (kg)	**kilogram**	[キログラム]
量	リットル (ℓ)	**liter**	[リータァ]
時間	秒	**second**	[セカンド]
	分	**minute**	[ミニット]
	時間	**hour**	[アウア]

週

日曜日	**Sunday**	[サンデイ]
月曜日	**Monday**	[マンデイ]
火曜日	**Tuesday**	[テューズデイ]
水曜日	**Wednesday**	[ウェンズデイ]
木曜日	**Thursday**	[サーズデイ]
金曜日	**Friday**	[フライデイ]
土曜日	**Saturday**	[サタデイ]

世界のおもな国名

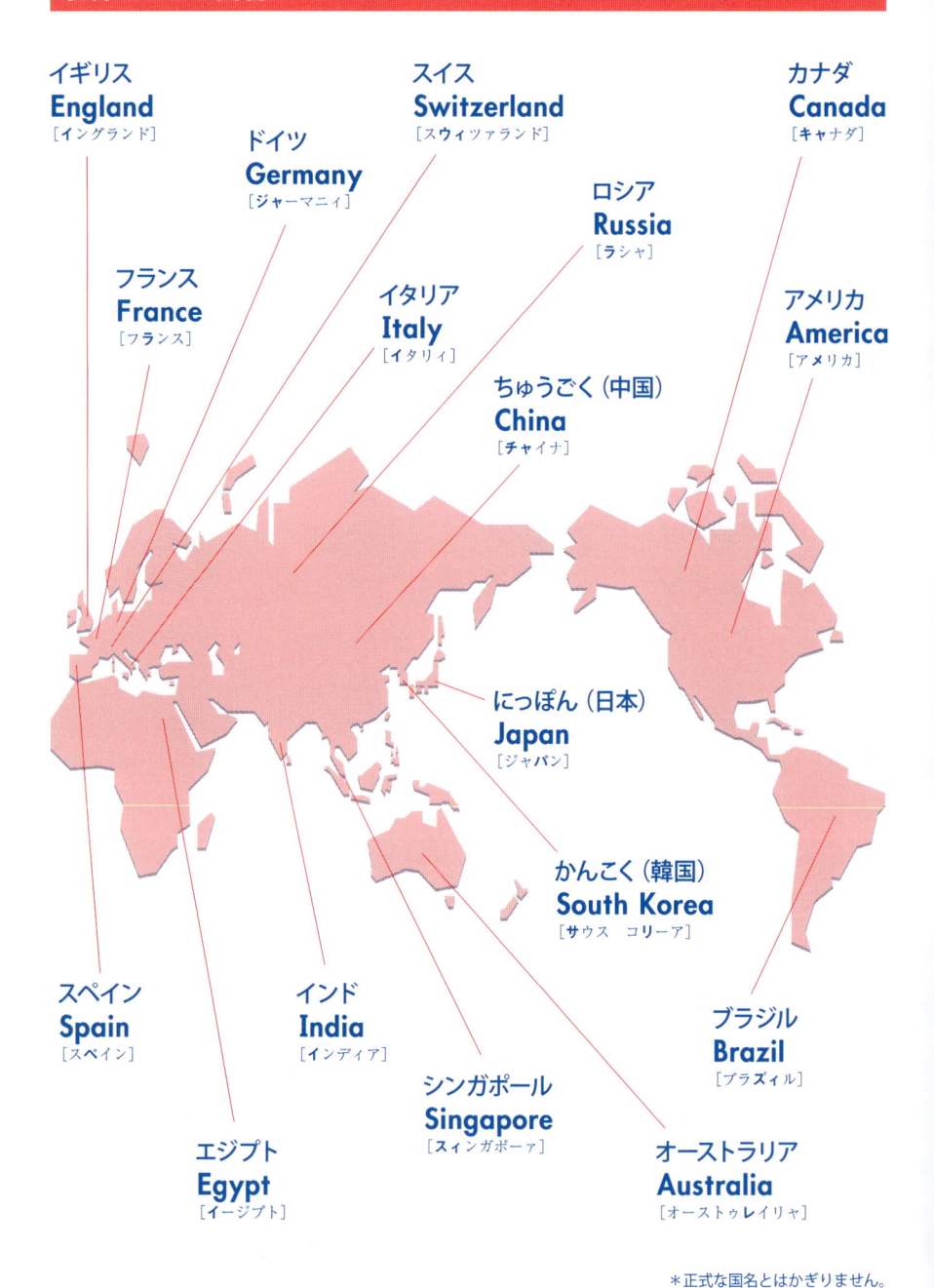

- イギリス **England** [イングランド]
- スイス **Switzerland** [スウィッツァランド]
- カナダ **Canada** [キャナダ]
- ドイツ **Germany** [ジャーマニィ]
- ロシア **Russia** [ラシャ]
- フランス **France** [フランス]
- イタリア **Italy** [イタリィ]
- アメリカ **America** [アメリカ]
- ちゅうごく（中国）**China** [チャイナ]
- にっぽん（日本）**Japan** [ジャパン]
- かんこく（韓国）**South Korea** [サウス コリーア]
- スペイン **Spain** [スペイン]
- インド **India** [インディア]
- ブラジル **Brazil** [ブラズィル]
- エジプト **Egypt** [イージプト]
- シンガポール **Singapore** [スィンガポーァ]
- オーストラリア **Australia** [オーストゥレイリャ]

＊正式な国名とはかぎりません。

かんたんなあいさつの文

おはよう

Good morning.
［グッド　モーニング］

こんにちは

Good afternoon.
［グッド　アフタヌーン］

こんばんは

Good evening.
［グッド　イーヴニング］

おやすみなさい

Good night.
［グッド　ナイト］

やあ・こんにちは

Hello. / Hi.
［ヘロウ］　［ハイ］

さようなら

Good-bye.
［グッド　バイ］

ごきげんいかが？

How are you?
［ハウ　アー　ユー］

元気です。ありがとう。

I'm fine, thank you.
［アイム ファイン　サンキュー］

はじめまして

Nice to meet you.
［ナイス トゥ ミート　ユー］

ごめんなさい

I'm sorry.
［アイム ソリィ］

ありがとう

Thank you. / Thanks.
［サンキュー］　［サンクス］

どういたしまして

You are welcome.
［ユー　アー　ウェルカム］

メリークリスマス！

Merry Christmas!
［メリィ　クリスマス］

あけましておめでとう！

Happy New Year!
［ハピィ　ニュー　イア］

誕生日、おめでとう！

Happy birthday!
［ハピィ　バースデイ］

はじめての和英じてん

Kumon's FIRST
JAPANESE-ENGLISH DICTIONARY

2011年3月3日　初版第1刷発行
2023年2月13日　初版第14刷発行

- ●編　　集　　くもん出版編集部
- ●イラスト　　山本正子
- ●デザイン　　佐々木一博・上山隼平
- ●協　　力　　Rumiko Varnes

- ●発 行 人　　志村直人
- ●発 行 所　　株式会社くもん出版
  〒141-8488
  東京都品川区東五反田 2-10-2 東五反田スクエア 11F
  電話　代表 03 (6836) 0301
  　　　営業 03 (6836) 0305
  　　　編集 03 (6836) 0317
  　　　ホームページ https://www.kumonshuppan.com/
- ●印 刷 所　　三美印刷株式会社

落丁・乱丁はおとりかえいたします。本書を無断で複写・複製・転載・翻訳することは、法律で認められた場合を除き禁じられています。購入者以外の第三者による本書のいかなる電子複製も一切認められていませんのでご注意ください。　　　　CD61030

Printed in Japan
©2011 KUMON PUBLISHING Co., Ltd.
ISBN978-4-7743-1924-7